Johannes Friebel

Kajak-Selbstbau (1927)

Johannes Friebel

Kajak-Selbstbau (1927)

ISBN/EAN: 9783867417303

Auflage: 1
Erscheinungsjahr: 2011
Erscheinungsort: Bremen, Deutschland

© Europäischer Hochschulverlag GmbH & Co KG, Fahrenheitstr. 1, 28359 Bremen (www.eh-verlag.de). Alle Rechte beim Verlag und bei den jeweiligen Lizenzgebern.

Bei diesem Titel handelt es sich um den Nachdruck eines historischen, lange vergriffenen Buches. Da elektronische Druckvorlagen für diese Titel nicht existieren, musste auf alte Vorlagen zurückgegriffen werden. Hieraus zwangsläufig resultierende Qualitätsverluste bitten wir zu entschuldigen.

Kajak-Selbstbau

von

Johannes Friebel

Mit 48 Abbildungen vom Verfasser
und 2 Rissen von Eugen Volk

BERLIN W 62
RICHARD CARL SCHMIDT & CO.
1927

Vorwort.

Der Selbstbau von Booten wird im Deutschen Kanusport von Jahr zu Jahr mehr betrieben. Das ist gut so. Denn er wirkt nicht nur erzieherisch, sondern vertieft auch die sportlichen Kenntnisse und die sportliche Auffassung. Der Selbstbauer, der ohne Vorkenntnisse und ohne Anleitung nach gekauften Rissen oder gar nach eigenen Gedanken bauen wollte, würde bald Mißerfolge haben, die ihn entmutigen könnten. Auch andere vor ihm haben Lehrgeld zahlen und Erfahrungen sammeln müssen. Warum sollte er sich diese nicht zunutze machen?

Hier setzt die Aufgabe des vorliegenden Buches ein. In logisch aufbauender, klarer und leicht faßlicher Weise ist die Herstellung von Kajaks beschrieben, wie sie sich für den Nichtfachmann eignet, soweit dies der begrenzte Raum zuließ. Diesem Programm ist alles andere untergeordnet. Wie der Zeichner mit wenigen Strichen Licht und Schatten gegeneinander setzt, so daß seine Darstellung leicht von jedermann erfaßt und behalten wird, ist auch hier nicht von der Hauptlinie abgewichen worden. Das Wesentliche ist in den Vordergrund gerückt, das Unwesentliche weggelassen worden; denn etwaige Übergänge und Abweichungen von den beschriebenen Baumethoden zu finden, ist Sache der Praxis. Es führen viele Wege nach Rom; es würde verwirren, sollten sie alle gezeigt werden.

Mit den Fachausdrücken ist sparsam umgegangen worden; von den vielen im Bootsbau üblichen sind ihrer genug übriggeblieben. Wo es ging, besonders in den ersten Kapiteln, haben sie eine Umschreibung oder Ergänzung erfahren. Nur soweit sie eingebürgert sind oder halfen, die Darstellung wesentlich zu kürzen, waren sie nicht zu umgehen. Im Bootsbau ist es üblich, die Maße in mm auszudrücken; da der gewöhnliche Sterbliche in cm denkt und ihm ein fortwährendes Umrechnen erspart werden sollte, sind die Maße soweit es sich nicht um Bruchteile handelte, in cm angegeben.

Damit der Selbstbauer sich in das Wesen des von ihm zu schaffenden Gebildes einleben kann, ist eine knappe Darstellung über Herkunft, Entwicklung und Charakter des Sportkanus und seiner Arten vorausgeschickt.

Den Baubeschreibungen liegen nicht nur meine eigenen Erfahrungen zugrunde, die ich sowohl im Selbstbau wie in meiner jetzt gerade 25 jährigen Wassersportzeit als Kanufahrer und Kleinsegler gesammelt habe, sondern auch die mir von befreundeten langjährigen Selbstbauern zur Verfügung gestellten. Hierdurch ist hoffentlich jede Einseitigkeit vermieden und eine Beschreibung geschaffen worden, die auch als zeitgemäß und als auf den neuesten Erfahrungen aufgebaut gelten kann.

Die beigegebenen Risse, an Hand deren die Baubeschreibungen durchgeführt sind, stammen von Herrn Eugen Volk-Berlin. Sie stellen gute, leichte Gebrauchsboote für Tages- und Wanderfahrten dar; allerdings mußte der Konstrukteur bei ihrem Entwurf einige Wünsche der Auftraggeber berücksichtigen.

Herr Volk ist der Paddlerwelt bekannt als derjenige, der durch vorbereitende Artikel zur Gründung des Deutschen Kanu-Verbandes wesentlich mitbeigetragen hat, von ihm ist der Grundstock zur heutigen Klasseneinteilung gelegt, zahlreiche Bauten nach seinen Rissen haben sich als überaus erfolgreich und befriedigend erwiesen. Zur Veröffentlichung seiner Risse hat er sich bisher nie verstanden. Ich verdanke es meinen langjährigen guten Beziehungen zu ihm, wenn ich hier erstmalig Risse von ihm bringen kann. Auch für die Durchsicht dieses Buches in rein technischer Beziehung möchte ich ihm hier meinen Dank aussprechen.

Möge das vorliegende Buch recht vielen Kameraden gute Dienste leisten und zur weiteren Verbreitung des Selbstbaues beitragen.

Berlin, Herbst 1926.

Johannes Friebel.

Inhaltsverzeichnis.

I. Einführung.

Seite

Kanuarten 1
Klasseneinteilung 10
Wer eignet sich zum Selbstbauer 13
Vorzüge und Nachteile der verschiedenen Arten des Kanus .. 17
Bootsformen und Bauweisen 23
Die Bauzeichnung 26

II. Bau eines Kajaks nach anliegendem Riß.
(Einsitzer mit Leinwandhaut)

Allgemeines vom Leinwandboot 37
Die Helling 38
Spanten und Mallen 40
Vorder- und Achtersteven. Kiel 44
Die Sentlatten (Senten) 47
Dollbaum, Unterzüge und Reeling 49
Luken, Mastlöcher, Bodenbretter 54
Das Steuer. Der Flaggenstock 58
Rückenlehne und Seitenkästchen 61
Der Leinwandbezug 61
Das Deck 64
Außenkiel und Bodenschutzleisten 66
Die Beschläge 67
Die Segel 69
Paddel und Bootshaken 72
Persenning. Regenschutz. Kissen. Zelt 73
Einige Abweichungen beim Kajakzweier 75
Schwert und Schwertkasten 76
Das Werkzeug 79
Holz-Leinwand (Schweden-) Bau 80
Der Klinkerbau 86
Instandsetzung unbrauchbar gewordener Holzboote 93
Einige Winke über das sportliche Auftreten 96
Materialverzeichnis
    für einen Einsitzer in Leinwandbau 98
    für einen Zweisitzer in Schwedenbau 99
    für einen Zweisitzer in Klinkerbau 100
Riß eines Einsitzers .... Anhang
Riß eines Zweisitzers .... Anhang

I. Teil.
Einführung.

Kanuarten.

Es ist nicht meine Absicht, mit einer ausführlichen Geschichte des Kanus zu beginnen. Das würde zu sehr aus dem Rahmen dieses Buches fallen, das sich auf eine Anleitung für die Selbstbauer beschränken soll. Unter diesen werden sich aber nicht wenige befinden, die sich erst kurze Zeit dem Kanusport gewidmet haben, oder dies überhaupt erst tun wollen. Daher ist es notwendig, Begriffe wie Kajak, Kanadier, Segelkanu zunächst einmal klar zu umreißen und von dem Ursprung der verschiedenen Arten wenigstens soviel zu sagen, als für den Neuling zu wissen unbedingt notwendig erscheint. Ist doch z. B. die Grenze zwischen Kanu und Kajak durchaus nicht scharf gezogen und gibt es doch immerhin auch zahlreiche Freunde des Kanusports, die sich da nicht so recht auskennen.

Das Wort „Kanu" ist von einem gut Teil Abenteuerromantik, von Sehnsucht nach unbekannten Fernen umwoben. Schon tauchen vor unseren Augen die dunklen, geschmeidigen Gestalten der Südseeinsulaner auf, wie sie geschickt und kühn in ihren großen Auslegerkanus mit den aus geflochtenen Matten hergestellten Segeln auf das offene Meer hinaussteuern. Der Schiffsrumpf dieser oft für 20 und mehr Insassen bestimmten Kanus ist hoch und schmal und würde allein sich nicht aufrecht erhalten lassen. Da schwimmt aber in einiger Entfernung von dem Kanu, parallel zu diesem und durch annähernd wagerechte Stangen mit ihm verbunden, ein kleinerer Schiffskörper oder Balken, der Ausleger, der das Umschlagen des Hauptschwimmkörpers verhütet. Außerdem bilden die Fahrer noch lebenden Ballast, indem sie auf den Verbindungshölzern herumturnen, wenn der Winddruck eine Verlegung des Schwerpunkts erfordert. Auch Proviant und Gepäck sind häufig auf den Stangen, frei über dem Wasser schwebend, untergebracht. Auf dem Sepik in Neuguinea benutzen die Eingeborenen kleinere Fahrzeuge, nur für einen oder wenige Insassen bestimmt. Obwohl diese Schiffchen sehr schmal sind, also leicht kippen, werden sie dennoch von den Männern stehend gepaddelt, eine hohe Kunst, die ihren Körper so ausbildet, daß sie an Ebenmaß und Schönheit den Frauen dort weit überlegen sind.

Und so könnten wir um die ganze Welt reisen und würden überall bei den Völkern mit primitiver Kultur einfache, kleinere Fahrzeuge, meist Einbäume, vorfinden, deren Form sich nach der Höhe der Kulturstufe ihrer Erbauer und den örtlichen Wasserverhältnissen richtet. All' diese Boote nennt man Kanus und an fast allen

Neueres Südseekanu von vorn.
Man beachte die Maststellung

würde uns auffallen, daß sie vorn und hinten spitz zulauf
kein platt abgeschnittenes Heck tragen, und daß demgem
häufig zwischen Spitze und Ende, zwischen Bug und He
Unters____d besteht, so daß sie vorwärts und rückwärts gl
fortbewegt werden können.

Von den zahlreichen Arten der Kanus bei den verschiedenen Völkern sind es aber nur zwei gewesen, die unserm heutigen Sportboot als unmittelbare Vorbilder gedient haben:

der Kajak des Eskimos und
das Birkenrindenkanu des kanadischen Indianers.
Beide Arten stammen also aus dem hohen Norden, wo eine unwirtliche Natur den Menschen zwingt, seine ganze Intelligenz aufzuwenden, um den Lebensunterhalt zu erjagen. Und darauf ist es zurückzuführen, daß diese beiden Kanuarten schon von ihren Herstellern eine so vollkommene technische Durchbildung erhalten haben, daß sie sich mit nur geringen, den Bedürfnissen des Euro-

Segelumsetzen im Auslegerkanu

päers und seinen Mitteln entsprechenden Änderungen als Grundlage für unsere heutigen Sportboote verwenden ließen.

Zwischen treibenden Eisschollen und Eisbergen, in grausiger Kälte und Öde, oft von Sturm und verdunkelndem Schneegestöber überrascht, stellt der Eskimo in seinem Kajak den Fischen und Robben, seiner fast ausschließlichen Nahrung, nach. Wenn das stürmische Wetter ihn hindert zu landen oder eine etwas vor Kälte geschützte Stelle aufzusuchen, läßt die Trandichtung der Bootshaut, die aus Seehundfellen besteht, nach. Das Boot zieht

Wasser und versackt mit dem Fahrer. Oder er reißt sich an einer scharfen Eiskante ein Loch in die Bootshaut, wird von der harpunierten Robbe mit dem Boot umgerissen, verwickelt sich in die Leine und ist ebenfalls verloren. Obwohl, wie allgemein bekannt, der Eskimo bei einer Kenterung sich mit Hilfe des Paddels selbst wieder aufrichten kann, sind tödliche Unfälle doch sehr häufig und die meisten Männer sterben dort oben, indem sie ertrinken oder erfrieren. Mehr als ein Krieg es vermöchte, reißt der ständige Kampf mit den Naturgewalten Lücken in die ohnehin schon dünne Bevölkerung der Polarzone. Das stille Heldentum der Eskimos verdient unsere ehrliche Bewunderung und unser volles Mitgefühl.

Eskimo im Kajak

Ich kann nur jedem Kanufahrer dringend raten, sich Literatur über das Eskimoleben zu verschaffen und die oft von den Eskimos selbstverfaßten Berichte nachzulesen; er wird dann einen Begriff bekommen, wie ärmlich unsere eigenen Leistungen im Kajak dagegen erscheinen.

Nun zu dem Boot selbst. Für den Selbstbauer ist es Ehrensache, über dieses ursprüngliche Vorbild unterrichtet zu sein. Der Eskimokajak ist 4—5½ m lang, etwa ½ m breit und 10—15 cm hoch. An beiden Enden, an Bug und Heck, ist er stark aufgeholt und sehr spitz, so daß die Enden schnabelförmig wirken. Die geringe Breite gestattet dem Fahrer gerade, sich durch die runde Sitzluke des sonst ganz gedeckten Bootchens zu zwängen, wo er wegen der geringen Höhe des Bootsinneren mit vollkommen ausgestreckten Beinen sitzen muß. Als Sitzkissen dienen Felle. Für uns wäre solche Lage der Beine auf die Dauer unerträglich, wie wir denn überhaupt erst gar nicht in einen richtigen Eskimokajak hineinkönnen, weil der Eskimo kleiner ist als wir. Das Gerippe des Bootes ist heute meist aus Treibholz, der Bezug aus naß aufgespannten Seehundsfellen. Harpune, Fangseil, Speer, neuerdings auch die Flinte sind an Deck befestigt. Die Einsteigeluke, d. i. die Plicht oder das Kockpit, ist von einer breiten, aufrecht stehenden, dünnen, gebogenen Holzlatte (Reeling) eingefaßt. Um diese Reeling schnürt der im Kajak sitzende Eskimo seine Paddeljacke fest, die er sich über den Kopf gezogen hat und deren Kapuze und Ärmel er ebenfalls mit Lederschnur um das Gesicht und um die Handgelenke abbindet (festzurrt). Auch diese Paddeljacke ist durch Tran für eine ganze Weile wasserdicht. Anläßlich einer Kanuausstellung hatten wir in Berlin Gelegenheit, mit einem Originalkajak und mit Ausrüstungsgegenständen umzugehen, die aus dem hiesigen Museum für Meereskunde geliehen waren. Dabei mußten wir auch eingetrocknete Paddeljacken in Wasser aufweichen, um sie in Form zu bekommen. Der sich entwickelnde Geruch war gräßlich, zum Umfallen, und wir konnten uns vorstellen, von welchen Düften der Eskimo dauernd umgeben ist. Im Gegensatz zu allen anderen Naturvölkern benutzen die Eskimos zum Fortbewegen ein Doppelpaddel, dessen Blätter kaum handbreit, aber ziemlich lang sind. Das Doppelpaddel selbst ist kurz, so daß der Fahrer zu kurzen, schnellen Schlägen gezwungen ist. Das Boot wird von den Frauen erbaut; der junge Eskimo erhält es, sobald er mannbar wird. Das Gegenstück dazu ist das große offene Frauenboot, der Umiak, der gerudert wird und in der Form etwas an unsere Militärpontons erinnert.

Nach dem Vorbild dieses Kajaks sind dann um die Mitte des vorigen Jahrhunderts in Europa Boote zu Sportzwecken erbaut worden, auf die man durch die Beschreibungen des Engländers Mac Gregor, der in seinem Paddelboot „Rob Roy" (Robbenkönig) weite Flußreisen in ganz Europa unternahm, aufmerksam wurde. An die Leistungen dieses Mannes reichen nur wenige unserer heutigen Paddler heran. Auch in Deutschland entstand bald nach Mac Gregor's Fahrten und auf seine anregenden Beschreibungen hin eine Generation von Paddlern, deren älteste Mitglieder noch unter uns leben. Auch ihre Leistungen verdienen unsere ungeteilte Anerkennung. Dieser neue, zum Sportboot umgewandelte, europäische Kajak, der den Sammelnamen Canoe trug, war völlig aus Holz gebaut, wobei die etwas älteren Sportruderboote als Vorbild dienten. Der Sitzlukenausschnitt war größer als bei der Urform das Deck reichte nur über die Füße, nicht über die ganzen Beine weg. Hierdurch war dem Fahrer ermöglicht, die Knie anzuziehen. Die Höhe des Innenraums gestattete die Anbringung einer Rückenlehne, während der Eskimo in seiner Reeling nur im Kreuz eine Stütze hatte. Die Blätter des Doppelpaddels erhielten Ruderblattform, kurz, es war, oberflächlich betrachtet, schon unser heutiges Paddelboot, und zwar in so guter Ausführung, daß die meisten Nachkriegsboote, obwohl 50 Jahre später erbaut, sich neben diesem Vorläufer nicht sehen lassen konnten. Es ist notwendig zu betonen, daß auch dies „Canoe" vorn und hinten spitz auslaufend gebaut war; nur war das eine Ende durch die angebrachte Fußsteuerung deutlich als Heck gekennzeichnet. Die Bootsbauer von Fach konnten sich allerdings häufig nicht von der ihnen als Vorbild dienenden Ruderbootsform trennen. Sie bauten das „Canoe" vorn mit dem langnasigen, aufgeholten Ruderbootsteven und schmuggelten hinten ein kleines Spiegelheck heran, gaben ihm gern hohle Linien, d. h. bauchten das Boot im Vorder- und Hinterschiff stellenweise nach innen ein, um dann mit elegantem Schwung den eigentlichen Bauch recht stark hervortreten zu lassen. Alle möglichen anderen Bootsformen mögen ihnen dabei auch noch vorgeschwebt haben.

Diese Ruderbootsbauart hat sich bis in die neueste Zeit hinein erhalten, weil es immer noch Bootsbauer gibt, die von ihrem Handwerk nur die reine Handarbeit verstehen. Der Kenner tut heute diese Gebilde, auch wenn die Bauweise noch so sauber, das Holz noch so blank und die Silberbronze des obersten Plankenganges noch so glänzend ist, nur mit einem mitleidigen Lächeln ab, so wie man den nicht rasseechten Hund betrachtet. Eine andere Eigenart machte sich bei den „Canoes" vor etwa 25 Jahren bemerkbar, das sind die kanadierartig gerundeten Steven, also Steven, die die Form einer gebogenen Beilklinge (des Tomahawks) haben. Auch diese Bootsform für „Canoes" war bis nach dem Kriege besonders in Hamburg sehr beliebt, wo sie sich unter Einfluß der dort zuerst als Sportboote eingeführten kanadischen Kanus entwickelt hatte. Weil sie aus einer Verbindung zwischen Kajak und Kanadier entstanden ist und ein Zweckmäßigkeitsgrund für ihre Beibehaltung nicht besteht, lehnen wir sie ab, obwohl sie nicht gerade häßlich ist. Was wir heute unter einem formgerechten Paddelboot (Kajak) verstehen, ergibt nachher die Baubeschreibung. Der um die Jahreswende 1913/14 ins Leben gerufene Deutsche Kanuverband hat das Wort „Canoe" seiner Aussprache entsprechend in „Kanu" verdeutscht und für alle nach dem Eskimoboot gebauten Paddelboote, soweit sie vorzugsweise gepaddelt (und nicht gesegelt) werden, die Artbezeichnung „Kajak" eingeführt. So haben sich denn auch die österreichischen Paddler unter dem Namen „Österreichischer Kajakverband" zusammengeschlossen. Ebenso ist das Faltboot ein reiner Kajak, der seinem Urbild noch näher kommt als die Holzboote. Es muß aber wahrheitsgemäß festgestellt werden, daß die Bezeichnung Kajak sich nicht restlos bei der Paddlerwelt durchzusetzen vermochte, daß diese vielmehr gern von ihren Faltbooten und ihren Leinen- und Holzkanus spricht, überhaupt das Wort Kanu als das klangschönere bevorzugt. Der Ausdruck „Paddelboot" wird nur noch dem „blutigen" Laien gegenüber angewandt. Überhaupt ist das Wort „Paddeln" und was davon abgeleitet ist (Paddler) nicht sehr beliebt. Es hat immer den Unterton einer quirlenden, unruhigen und hastigen Bewegung. Hierbei sei gleich erwähnt, daß der Deutsche Kanuverband das Wort „Paddel" als weiblich erklärt hat, sodaß es jetzt „die" Paddel heißen soll, während im Sprachgebrauch jahrzehntelang „das" Paddel gesagt wurde. Diese Änderung ist zum mindesten recht willkürlich.

Schon jener vorhin genannte Mac Gregor benutzte ein kleines Segel, den Treiber, um etwaigen Rückenwind ausnutzen zu können. Ein zweiter englischer Sportsmann, Baden-Powell, baute den Rob-Roy-Typ zu einem Segelboot mit Mittelschwert um. Dabei vergrößerte er ihn so, daß er sich nicht mehr paddeln ließ und schließlich zu einem reinen Segelboot wurde, bei dem nur noch der spitze Bug und das spitze Heck an das ehemalige Vorbild erinnerten. Dieser „Nautilus"-Typ ist als der Ursprung der heutigen Segelkanus anzusprechen. Entsprechend ihrem Herkommen hat der Deutsche Kanuverband diese Boote zunächst auch als Kajaks (Segelkajaks) bezeichnet, bis er 1924 in seiner Klasseneinteilung Schwertboote von 7½ qm Segelfläche an aufwärts als Segelkanus bezeichnet, was sicher nicht zu einer Klärung der Begriffe beigetragen hat. Seit 1925 sind auch die Schwertboote mit 5 und 6½ qm in die Klasseneinteilung aufgenommen, so daß heute sämtliche Kajaks mit Schwert bis zu 13 qm Besegelung unter den Begriff „Segelkanu" fallen. Der Vollständigkeit halber sei hier noch erwähnt, daß Segelboote, die statt des Schwertes einen tief ins Wasser reichenden Kiel tragen, dabei aber äußerlich dem Kanu ähneln, vor allem an Heck und Bug spitz zulaufend gebaut sind, die Bezeichnung Kanukreuzer führen. Es sind schon Großsegelboote mit einer beträchtlichen Quadratmeterzahl Segelfläche. Hiermit wäre der Stammbaum des Sportkanus, das sich aus dem Eskimokajak entwickelt hat, abgeschlossen.

Das zweite Vorbild für unsere heutigen Sportkanus ist, wie vorhin erwähnt, das Birkenrindenkanu des nordamerikanischen Indianers. Es entstammt einer ungleich freundlicheren Gegend als der Eskimokajak. Zwar ist das Klima rauh, aber doch nach

unsern Begriffen erträg h. Zahlreiche Seenketten, häufig durch
Flußläufe und Abflüsse miteinander verbunden, durchziehen das
Land. Das Wasser ist klar, kalt und fischreich, die Ufer sind von
unermeßlichen, wildreichen Nadelwaldungen eingefaßt. Da das
Land felsig ist, sind auch die Flüsse steinig, flach und mit Strom-
schnellen durchsetzt. Das Kanu dient hier ebenfalls als Jagdboot,
das 2—4 Menschen oder einer entsprechenden Last, die dann aus

der Jagdbeute, dem geschossenen Rotwild, besteht, Raum bietet.
Es ist 3½—5½ m lang und 65—80 cm breit, völlig ungedeckt,
sehr hochbordig, vorn und hinten spitz. Die Enden sind hochgezogen
und zu fast halbkreisförmigen Steven ausgebildet. Die Hoch-
bordigkeit gestattet, daß das Boot tüchtig bepackt werden kann,
und verhindert ein Vollschlagen, sobald es auf einen bewegten
Binnensee hinauskommt. Die Bordwände sind über Wasser nach
innen eingezogen, so daß die größte Breite unter Wasser liegt.

Ein Außenkiel fehlt meist ganz. Es ist ein Binnenfahrzeug und nicht, wie der Eskimokajak, für die Küste bzw. offene See bestimmt. Der Fahrer paddelt mit einem Einblattpaddel kniend oder hochsitzend und nach vorn schauend. Das Boot ist so leicht, daß es von einem Mann auf der Schulter über Landengen nach dem nächsten See oder Fluß bzw. um Wasserfälle herum getragen werden kann. Seine Lebensdauer beträgt nur wenige Sommer. Aus diesem Kanu ist der moderne Kanadier entstanden. Nach meinem persönlichen Empfinden ist der Kanadier das formvollendetste Kleinfahrzeug, das wir besitzen. Sein bestechend schönes Äußere hat sicher mehr zu seiner Verbreitung beigetragen als seine sonstigen Eigenschaften. Seine Form ist gegen das Urbild wenig verändert, nur die Steven sind noch kecker gerundet. Das Baumaterial ist gänzlich verändert. Er besteht jetzt aus Holz mit einem Leinenüberzug, der durch Spachtel vollkommen geglättet und mit meist lebhaften Farben gestrichen und lackiert ist. Der so hergestellte Kanadier hat eine lange Lebensdauer. Außenkiel, Außenschwerter und Steuer machen ihn zum Segelkanadier. Als Segel wird ein Lateinersegel, das ist ein dreieckiges, nur oben an einer Querstange (Raa) befestigtes Segel, benutzt.

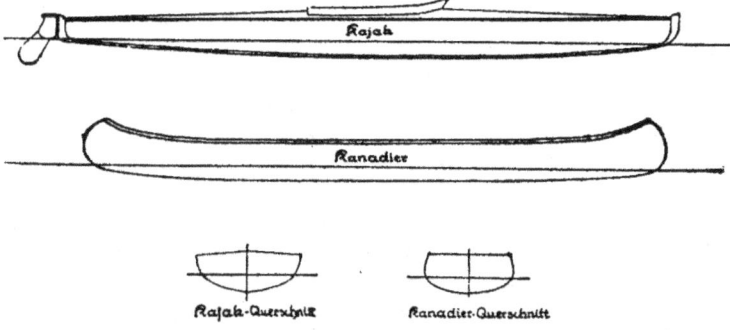

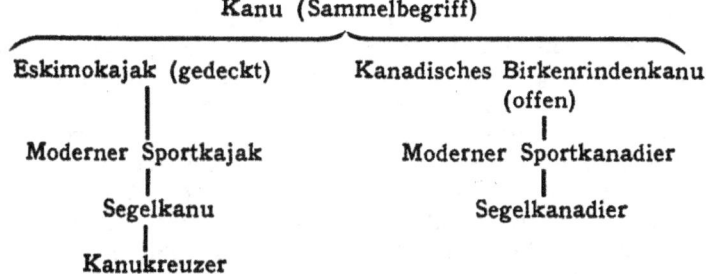

Das vorstehend Gesagte, das hauptsächlich Klarheit über die Arten des Kanus und ihren Ursprung schaffen sollte, wird kurz aus dem nachfolgenden Schema ersichtlich:

Kanu (Sammelbegriff)

Eskimokajak (gedeckt)
|
Moderner Sportkajak
|
Segelkanu
|
Kanukreuzer

Kanadisches Birkenrindenkanu (offen)
|
Moderner Sportkanadier
|
Segelkanadier

Klasseneinteilung.

Es ist eine Erfahrungstatsache, daß der Selbstbauer sich selten mit dem Bau nur eines Kanus abfindet. Ist ihm erst einmal ein Bau gelungen, so tauchen bald neue Wünsche nach größerer Vollkommenheit seines Fahrzeuges in ihm auf. Er wird selbst erdachte Verbesserungen — es ist zwar meist alles schon einmal dagewesen — anbringen wollen. Wer ursprünglich ein reines Paddelkanu hatte, wird sich ein Segelkanu wünschen, und dem Segler ist die Kreuzerei über: er will ein unter Paddel schnell laufendes Boot. Es ist eine weitere Tatsache, daß den meisten Kanuleuten ein lebhafter Handelsgeist innewohnt, natürlich ebenfalls hervorgerufen durch den Wunsch, sich zu verbessern oder durch einen Bootswechsel neuen äußeren Umständen in ihrer Lebens- bzw. Familienlage gerecht zu werden, z. B. wenn plötzlich eine Braut auf der Bildfläche erscheint! Da ist es denn von vornherein wichtig, daß das Boot, das man sich selbst baut oder kauft, auch wieder leicht verkäuflich ist, und dies wird um so eher der Fall sein, wenn dem künftigen Käufer nachgewiesen werden kann, daß er ein Klassenboot vor sich hat, zumal sich bei ersterem damit oft die Vorstellung verbindet, daß er ein Boot, das „Klasse" ist, kaufen soll. Auch der etwas mehr erfahrene Käufer wird ein Boot vorziehen, mit dem er sich, falls ihn einmal der Hafer sticht, an Konkurrenzen und Wettfahrten einer ihm liegenden Klasse beteiligen kann. Letzten Endes sind die Klassen aus der praktischen Erfahrung unserer größten Vereinigung von Paddlern, des Deutschen Kanu-Verbandes, heraus entstanden und daher dem Selbstbauer, insbesondere dem Anfänger insofern dringend zur Beachtung zu empfehlen, als er an Hand der Klasseneinteilung seine eigenen, vielleicht noch etwas verschwommenen Wünsche nachprüfen und in greifbarere Form bringen kann. Die Entscheidung über „Für und Wider" wird ihm erleichtert. Da ich nun hier schon mal Kauf und Verkauf gestreift habe, so möchte ich hinzufügen, daß ein Bootskauf ebenso schwierig ist wie ein Pferdehandel. Man muß das Objekt in seiner ganzen Art genau kennen, um sich vor Enttäuschungen zu schützen. Es ist deshalb nicht nur für den Selbstbauer, sondern für jeden Kanufahrer erstes Erfordernis, daß er einigermaßen über die Bauweisen und ihre Eigenschaften unterrichtet ist. Auch wer nicht selbst bauen will, sollte sich mit einer Bauanleitung vertraut machen.

Im folgenden ist nun die Klasseneinteilung des D. K. V. abgedruckt; es ist die einzige, die in Deutschland besteht. Die in diesem Jahre dazu beschlossenen Ergänzungen sind mitberücksichtigt.

A. Kajaks.

Klasse	Mannschafts-zahl	Größte Länge L m	Ger. Breite B m	Raum-tiefe mind. Rt m	Mind.-Freib. auf 0,5 L Fa m	Mind.-Freib. vorne Fv m	Größte Segel-fläche S m²	Unter-scheidungs-mark.	Zweckbestimmung	Anmerkungen
a.	Unbeschränkter Renneiner			Abmessungen und Bauausführung unbeschränkt.						
b.	Unbeschränkter Rennzweier			Abmessungen und Bauausführung unbeschränkt.						
I.	Internationaler Einer	5,20[1])	0,51	—	—	—	—	—	Intern. Rennkajak	
Ia.	Nationaler Zweier	6,50	0,55	—	—	—	—	—	Rennkajak (Schalenbau verbot.)	
IIa.	Einer	5,00	0,60	0,22	0,10	—	—	—	Training u. Tagesf.	Vermessungsbelastung 65 kg
IIa.	Zweier	5,20	0,65	0,23	0,10	—	—	—	,, ,, ,,	,, ,, 130 kg
IIa.	L. Zweier	6,00	0,65	0,23	0,10	—	—	—	,, ,, ,,	,, ,, 150 kg
IIb.	Einer	5,00	0,65	0,23	0,10	—	2,00	—	Tagesfahrten	dito
IIb.	Zweier	5,20[1])	0,70	0,24	0,10	—	2,50	—	,,	
IIb.	L. Zweier	6,00	0,70	0,24	0,10	—	2,50	—	,,	
IIc.	Einer	5,00	0,76	0,23	0,10	—	3,00	—	Wanderfahrten	Vermessungsbelastung 100 kg
IIc.	Zweier	5,20[1])	0,76	0,24	0,10	—	4,00	—	,,	,, ,, 200 kg
IIc.	L. Zweier	6,00	0,76	0,24	0,10	—	4,00	—	,,	,, ,, 220 kg
III.	Vierer mit Steuermann	12,00	0,70	—	—	—	—	—	Mannschafts-Training	Schalenbau verboten
III.	Achter mit Steuermann	17,50	0,70	—	—	—	—	—	,,	,,

11

B. Segel-Kanus.

5,00 qm	1—2	5,20	0,80	0,20	0,20	5,00	150	G	Renn- u. Wanderfahrt	ein- oder zweisitzig
6,50 qm	1—2	00	0,80	0,20	0,25	6,50	200	H	,, ,, ,,	,, ,, ,,
7,50 qm	1—2	,,20¹)	0,90	—	0,20	0,25	7,50	A	,, ,, ,,	ein- oder zweimastig
10 qm	1 im Rennen	5,20¹)	>0,95	0,35	—	—	10,00	B	Internationales u. nationales Segelkanu f. Renn- und Wanderf.	zweimastige Bauausführung nach internat. Vorschr.
	1—2 auf Wanderfahrt		<1,10							
13 qm	1—2	6,00	1,35	—	0,30	0,45	13,00	C	Kanu-Kreuzer	ein- oder zweimastig, > mindest < höchst Vermessbelast. b. 7,5 qm 150 kg Vermessbelast. b. 13,0 qm 220 kg
Altersklassen	1—2	—	—	—	—	—	—	D		

C. Kanadier.

I	Einer } Zweier }	4,88	0,75	0,25	—	—	—	—	Internationaler u. nationaler Rennkanad.
	Vierer	6,10	0,75	0,30½	—	—	—	—	Internationaler u. nationaler Rennkanad.
II	1—2	5,00	0,80	0,30	—	—	—	—	Tages- u. Wanderfahrt
	Zweier	5,20¹)	0,85	0,32	—	—	—	—	Tages- u. Wanderfahrt
III	Einer	5,00	0,80	0,30	—	—	5 qm	E	Segelkanadier
	1—2	5,20¹)	0,85	0,32	—	—	7 qm	F	,,

D. Renn-Kanus nach internationalen Bestimmungen.

I	A. I.	Abmessungen wie oben
II	B. 10 qm	
III	C I.	

¹) Größte zulässige Länge für Eisenbahntransport zum 1½ fachen Stückgut-Frachtsatz 5 m,

Zu Kanu I: Mindestgewicht 20,38 kg. Deck darf nicht länger sein als 106,75 cm am Bug und 76,25 cm am Heck

Zu Vierer: Mindestgewicht 29,44 kg. Deck darf nicht länger sein als 122 cm am Bug und 91,5 cm am Heck

Wer eignet sich zum Selbstbauer?

Jeder, der ein ihm bisher fremdes Arbeitsgebiet betritt, wird sich die Frage vorlegen, ob er den in Aussicht stehenden Anforderungen gewachsen ist. Auch der Leser der beiden ersten Kapitel wird herausgefühlt haben, daß doch allerlei zu beachten ist, vielleicht sind ihm gar jetzt schon Zweifel an den von ihm zum Werk mitgebrachten Fähigkeiten gekommen. Er muß sich klar darüber werden, ob er den Selbstbau übernehmen kann. Und zu diesem Punkt soll hier folgendes gesagt sein.

Die Anforderungen an Geschicklichkeit, die in den nachfolgenden Baubeschreibungen an den Selbstbauer gestellt werden, übersteigen nicht das Durchschnittsmaß, das auch ohne weiteres den Geistes- und Büroarbeitern eigen ist. Man kann sagen, daß der Wunsch, ein Boot selbst zu bauen, überhaupt nur in dem rege werden wird, der mit dem einfachen Handwerkszeug des Haushalts umzugehen versteht, der gegen Hammer, Beil und Laubsäge keine Abneigung verspürt. Selbstverständlich sind die sogenannten Bastler unter uns, die Freude an kleinen handwerklichen Arbeiten haben, in erster Linie auch zu Selbstbauern geeignet. Nach einigen Versuchen werden verschiedene von ihnen, die sonst nur am Schreibtisch sitzen, es dem gelernten Bootsbauer gleich tun. Ich kenne Fälle, wo solche Bastler vom Schreibtisch gemauerte und tadellos verputzte Stallgebäude selbst erbaut haben, wo sie sich nicht fürchteten, an schon abseits liegende Tätigkeiten, wie Glasblasen oder Büchereinbinden heranzugehen. Den Handwerkern von Beruf fällt der Selbstbau nun schon gar nicht schwer. Ein Segelklub in meiner Nachbarschaft, der über ausnehmend schönes, gleichmäßiges und neues Material verfügt, hat fast ausschließlich Selbstbauten, allerdings sind in diesem Falle die Mitglieder Handwerker, die aus verschiedenen Berufen stammen. Endlich sei noch gesagt, daß die nachfolgenden Baubeschreibungen ja für den Selbstbauer berechnet sind und daß die zu verwendenden Materialien sich überall leicht fertig bearbeitet, also gesägt und behobelt, kaufen lassen, so daß der Selbstbau eines Bootes sich lediglich auf das Zusammensetzen der einzelnen Teile beschränkt. Die zum Selbstbau, den Klinkerbau ausgenommen, nötige Geschicklichkeit kann also bei den meisten Kanuliebhabern vorausgesetzt werden.

Viel wichtiger erscheint die Frage, ob die nötige Zeit dazu vorhanden sein wird. Wer schon den ganzen Tag bis in den Abend hinein beruflich gebunden ist, wird kaum Zeit zum Selbstbau finden. Es kann ihm nicht empfohlen werden, seine freien Sonntage dazu zu verwenden. Denn an ein paar Sonntagen ist der Bau durchaus nicht fertiggestellt. Die zuweilen in Baubeschreibungen angegebenen kurzen Bauzeiten gehören ins Reich der Fabel. Vorausgesetzt, daß dem Selbstbauer die Abendstunden zur Verfügung stehen, daß er also in seinem Beruf um 5 Uhr oder spätestens 6 Uhr Feierabend hat, und dann noch die Sonntagvormittage zur Hilfe nimmt, wird er in einigen Monaten, sagen wir den Winter über, sein Boot fertigbauen können. Es ist zu bedenken, daß gerade für den ersten Bau besondere Vorbereitungsarbeiten notwendig sind, die für spätere Bauten zwar mitverwandt werden können, aber zunächst doch zeitraubend sind, und daß es auch an Übung noch fehlt.

Dabei ist denn gleich zu überlegen, ob der Selbstbauer die nötige Ausdauer mit zum Werk bringt. Der Bootsbau, neben der beruflichen Tätigkeit ausgeübt, ist eine langwierige Sache. Es werden Stunden kommen, wo ihm die Lust am Bauen vergeht, wo die ganze Geschichte dem erst so Mutigen zum Halse heraushängt. Er wird Fehlschläge haben, eine Leiste wird brechen, ein Spant wird platzen, ein Nagel wird krumm gehen, eine Schraube wird abbrechen, kurz, Enttäuschungen werden nicht ausbleiben. Dann heißt es eben mal eine Pause einlegen; nach kurzer Zeit wird der Unmut überwunden sein und doppelter Eifer den Fortschritt fördern. Es muß sich aber jeder von vornherein klar sein, daß solche Rückschläge nicht ausbleiben. Sehr gut ist es, wenn man einen guten Freund oder Kameraden zur Mitarbeit gewinnt, dem man dann später ebenfalls bauen hilft. Nicht nur, daß geteilter Schmerz halber Schmerz ist, auch der Selbstbauer braucht bei verschiedenen Handreichungen Hilfestellung, wenn er sich nicht das Leben unnütz erschweren will.

Nun wäre noch etwas über die Werkstatt zu sagen. Diese Frage ist bei weitem schwieriger als die vorhergehenden. Wenn irgendmöglich sucht man sich im eigenen Hause oder in der eigenen Wohnung einen Raum herzurichten. Schwierigkeiten werden dabei nur in der Großstadt entstehen. Die Etagenhöhe spielt keine Rolle. Das fertige Boot läßt sich an Seilen auch aus dem vierten Stock oder vom Boden auf den Hof herunterbalancieren. Die Treppen läßt es sich in der Regel nicht herunterschaffen. Der Raum muß für die beabsichtigte Bootslänge ausreichen, oder letztere muß sich nach der Länge des Raumes richten. Das Fenster muß breit genug sein, das fertige Boot nachher durchzulassen. Wer nicht zu beengt wohnt und eine nachsichtige Frau oder Mutter hat, wird vorübergehend ein Zimmer oder die Küche als Bauplatz benutzen. Andere wählen den Boden oder den Keller. Hierbei sind immer die örtlichen Verhältnisse ausschlaggebend. Wo es sich auf diese Weise nicht ermöglichen läßt, versuche man in der Werkstatt eines bekannten Tischlers Unterkommen zu finden. Das ist aber schon schwierig. Einen Raum zu mieten, lohnt sich nicht wegen der Miete, es sei denn, das mehrere Kameraden sich zusammentun. Dieser Ausweg wird auf die Dauer kaum befriedigen, weil die Interessen der einzelnen doch zu sehr auseinandergehen. Die angestrebten größeren Selbstbaugemeinschaften halte ich für totgeborene Kinder. Sie haben nur Aussicht auf Erfolg, wenn sie gewissermaßen das Unternehmen eines einzelnen sind, der die anderen heranzieht, sich aber auch klar sein muß, daß er den meisten Ärger hat und die meiste Zeit opfern muß. Anders liegt die Sache, wenn der Selbstbau von Booten in Schulen als Handfertigkeitsunterricht ausgeübt werden soll und die Autorität der Anstalt und des Lehrers die junge Garde zusammenhält.

Auf die Kosten werden wir später noch zurückkommen. Die Kostenfrage ist aber mit am einfachsten zu lösen. Es ist klar, daß sich der Preis für jedes fertig gekaufte Boot aus den Materialkosten, den Handwerkerlöhnen, den Reklamekosten und dem kaufmännischen Verdienst zusammensetzt. Der Selbstbauer hat nur die Materialkosten aufzubringen, die sich lediglich dadurch, daß er sich teilweise schon vorgearbeitetes Material kauft, etwas erhöhen. Verschnitt und Abfall sind beim Selbstbau gering, viel geringer als beim Handwerker, weil der Selbstbauer seine Zeit nicht zu rechnen braucht, und vieles, was sonst aus dem vollen geschnitten wird, aus Abfallstücken zusammensetzt. Im weiteren ist es sehr angenehm, daß die Kosten nicht auf einmal entstehen, sondern mit dem Fortschreiten des Baues erst nach und nach fällig werden. Lack, Farbe, Beschläge werden erst zum Schluß beschafft. Und wer zum Winter einen Bootsbau vor hat, wird schon im Sommer einiges Material dazu einkaufen. So entsteht eine Art Abzahlungsgeschäft, die Kosten verteilen sich über mehrere Monate. Auch Eltern, die es lieber sehen, daß ihre heranwachsenden Söhne sich in ihrer Freizeit nützlich betätigen, werden leicht geneigt sein, ihren Jungen ratenweise das Geld zum Bootsbau zu geben.

Der Selbstbau von Kanus wird in Schweden in reichlichem Maße ausgeführt. Nahezu ein Drittel des Bootsmaterials ist dort im Eigenbau hergestellt. In Deutschland nimmt die Zahl der Selbstbauer ständig zu, und das Interesse am Selbstbau wächst, wie ein Blick in die Fachzeitschriften beweist. Der Eigenbau von Kanus wird nicht nur zwecks Ersparung von Kosten, nicht nur um den Basteltrieb zu befriedigen, ausgeführt, sondern immer mehr als eine Art besonderer Sport oder Teil des Kanusports selbst betrachtet. Es gehört gewissermaßen zur Vollkommenheit des Kanufahrers, daß er auch sein Boot selbst bauen kann, ähnlich wie beim Segelflugzeug Fahrer und Erbauer oft identisch sind. Der gelungene Bau eines Bootes erweckt Befriedigung und Genugtuung, ähnlich wie eine gelungene größere Fahrt oder eine andere sportliche Leistung. Er stärkt das Vertrauen zu der eigenen Leistungsfähigkeit, erweitert den Blick und das Verständnis für die Bedürfnisse unseres Sports. Ferner lernt der Selbstbauer die verschiedenen Holzarten und ihre Eigenschaften kennen und kann diese Kenntnis auch später in Haus und Beruf vorteilhaft anwenden. Ist es schon jetzt bei den Kleinbootsbesitzern Ehrensache, daß sie ihr Fahrzeug selbst säubern, streichen und lackieren, so wird der Selbstbauer auch noch kleine Reparaturen selbst ausführen können und ein von seinen Kameraden gesuchter Berater sein. Kurz, der Selbstbau wirkt erzieherisch und verdient auch in der breiten Öffentlichkeit allseitige Beachtung und Förderung.

Vorzüge und Nachteile der verschiedenen Arten des Kanus.

Aus den Kapiteln „Kanuarten" und „Klasseneinteilung" hat der Leser einen Einblick in die Vielseitigkeit des Begriffs „Kanu" und zum Teil auch einen Überblick über die Verwendung der Arten und Klassen erhalten. Er muß nun entscheiden, welche Art und Klasse für seine Verhältnisse und Zwecke am geeignetsten ist. Soweit er schon Kanubesitzer oder gar langjähriger Paddler ist, wird er sich selbst ein genaues Bild über sein nächstes Boot gemacht haben. Für den Neuling aber ist ein Führer unerläßlich, und so will ich im folgenden loben und tadeln, die Vorzüge anerkennen und die Nachteile nicht verschweigen.

Ich beginne mit der Kanuart, mit der ich das erste Kapitel abgeschlossen habe, mit dem Kanadier, der nicht so viele Form-, Größen- und Verwendungsunterschiede aufweist wie der Kajak. Der Kanadier wird zuweilen als reines Promenaden-, als Nachmittagsboot, als eine Art Gondel für gemächliche Fahrten auf blankem Wasser bei strahlendem Sonnen- oder bei sanftem Mondschein angesprochen. Dieser Eindruck mag dadurch hervorgerufen worden sein, daß er in Hamburg, von wo aus er seine Verbreitung genommen hat, in etwas überreichlichem und aufdringlichem Maße zu solchen kleinen Spazierfahrten auf der Alster vor den Augen eines breiten Publikums benutzt wird. Andererseits wissen wir, daß er seiner Urform sehr ähnlich geblieben ist, daß er sich gegen diese sogar verbessert hat. Und wenn nun das kanadische Birkenrindenkanu als Jagdboot für weite Strecken benutzt wird, ist nicht einzusehen, warum unser Sportkanadier nicht ebenfalls ein gutes Tourenboot abgeben soll. Und tatsächlich wird der Kanadier auch von vielen Kameraden, die in ihm große Touren gemacht haben, sehr gelobt. In der Hand eines geschickten Führers gibt er viel her. Ein Vorzug ist der, daß er offen ist und bei denselben Längen- und Breitenabmessungen wie ein Kajak infolge seines breiten Bodens die doppelte Personenanzahl tragen kann. Es faßt bequem vier Personen. In dem völlig offenen Raum läßt sich Gepäck leicht verstauen. In Zeltbahnen geknüpft, hat man mit zwei Griffen seinen ganzen Plunder wieder an Land. Die Fahrer sitzen auf kleinen Bänken — nur bei der Wettfahrt wird er kniend gepaddelt. Ihre Augenhöhe von der Wasserfläche ist bald 50 cm größer als beim Kajakmann. Sie können deshalb auf engen Gewässern besser über die Uferränder hinwegsehen und haben dann mehr von der Landschaft. Auch das Schlafen ist in dem ungedeckten Boot einfacher. Um Wehre, Schleusen und Hindernisse läßt er sich infolge seines geringen Gewichts leicht herumtragen.

Diesen Vorzügen stehen aber trotz aller Beschönigungen offensichtliche Nachteile gegenüber. Der Kanadier ist dem Kajak an Schnelligkeit unterlegen. Die einseitige Paddelarbeit mit dem Einblattpaddel ist ermüdender als das Paddeln im Kajak. Er ist schwerer zu steuern, schwerer anzuhalten und schwerer rückwärts zu paddeln. Die hochstehenden Steven, der hohe Freibord, die hochsitzenden Körper der Fahrer bieten dem Wind größeren Widerstand. Bei stärkerem Seitenwind auf einem See wird das Paddeln selbst für zwei Fahrer zur Qual, für einen ist es dann nahezu unmöglich, Kurs zu halten. Starker Wellengang wird dem offenen Kanadier gefährlicher als dem gedeckten Kajak. So angenehm das offene Boot für das Verstauen der Sachen ist, so wenig Schutz finden letztere bei Regen. Gewiß lassen sich die Sachen in wasserdichten Säcken verstauen, in den wenigsten Fällen wird dies aber von den Fahrern gemacht, und dann gibt es so allerhand Körbchen, Kocher und anderes, was in den wasserdichten Sack nicht recht hineingeht. Auch Schuhe, Strümpfe, Rock und Hose schützt selbst der Regenmantel nicht. Die neuerdings eingeführte, den ganzen Kanadier überspannende Persenning (Plane aus wasserdichtem Stoff) mit zwei Sitzöffnungen für die Fahrer ist noch nicht genügend erprobt. Ich befürchte, daß sich bei Regen das Wasser aus den sich bildenden Kuten schlecht entfernen läßt, auch daß der Wind sich darunter setzt, die Fahrt hindert oder gar das Boot in Gefahr bringt.

Durch einen Außenkiel, ein Steuer und zwei Seitenschwerter wird der Kanadier, ohne dabei irgendwie seine Form zu ändern, zum Segelkanadier. Seinem graziösen Bau paßt sich das zugehörige Lateinersegel harmonisch an. Beim Kreuzen, und das ist der Prüfstein für Segeltüchtigkeit, ist er dem Segelkajak (Segelkanu) unterlegen.

Wenn der Kanadier, wie wir gesehen haben, durchaus nicht das bloße Promenadenboot ist, so überwiegen doch, immer mit dem Kajak verglichen, seine Nachteile die Vorteile. Er hat sich, abgesehen von Hamburg, lange nicht so eingebürgert wie der Kajak. Wenn es ihm überhaupt gelungen ist, festen Fuß zu fassen, so verdankt er dies der Massenherstellung in fabrikartigen Betrieben und dem guten Absatz infolge seiner herausfordernden Schönheit. Und dieser Schönheit wegen wird er immer wieder Liebhaber finden.

Wir wenden uns nun dem Kajakstammbaum zu und tun gleich von vornherein den Kanu-Kreuzer, als für den Selbstbau nicht in Frage kommend und für einen nur kleinen Kreis von Liebhabern bestimmt, ab. Es bleiben also der Kajak und das Segelkanu (Segelkajak) zur Betrachtung übrig. Der Kajak ist das schwertlose Boot, das vorzugsweise zum Paddeln eingerichtet, unter Umständen aber auch mit 1—2 Hilfssegeln ausgerüstet ist. Er wird für 1 oder 2 Insassen erbaut: als „Einer" oder „Zweier".

Das Segelkanu ist ein Kajak mit eingebautem Mittelschwert und etwas völligerem Schiffsbauch, der es zum Tragen einer größeren Segelfläche befähigt. Kajak und Segelkanu werden nach ihren Abmessungen bzw. Segelflächen in verschiedene Klassen eingeteilt; man vergleiche hierzu die Klasseneinteilung, und zwar A. Kajaks II b und II c und B. Segel-Kanus 5, 6½ und 7½ qm, das sind die Boote, die für Tages- und Wanderfahrten in Betracht kommen, also die Tourenboote. Diese Klassen müßten eigentlich in der Tabelle besonders hervorgehoben werden, es sind die Hauptgebrauchsklassen, um die sich die anderen nur herumgruppieren. Der Selbstbauer muß sich nun darüber klar werden, ob er zu einem Boot mit Schwert (Kajak) oder zu einem Boot ohne Schwert (Segelkanu) neigt. Hierzu treten wir in einen Vergleich zwischen beiden Arten ein.

Das Schwert ermöglicht zu kreuzen. Sportlich wird nur ein Segelboot, mit dem man „kreuzen", d. h. in Zickzacklinien gegen den Wind fahren kann, als Segelboot betrachtet. Segeln verlangt Geschick, Aufmerksamkeit, Mut, Entschlußkraft. Das Gefühl, den Wind sich zur Fortbewegung seines Fahrzeuges wie ein Zugtier völlig untertan gemacht zu haben, befriedigt den Tatendrang des Fahrers. Segeln ist ein Sport für sich. Daß wir ihn im Kanu neben dem Paddeln ausüben können, ist ein besonderer Vorzug unseres Fahrzeugs und unseres Sports. Je mehr Befriedigung jemand in der Ausübung des Segelsports findet, je eher wird er geneigt sein, sich den stärker besegelten Klassen (10 und 13 qm) zuzuwenden. Wer aber sein Boot mehr als Reise- (Touren-, Wander-)Fahrzeug betrachtet und in dem ständigen Wechsel der Landschaft und in neuen Eindrücken seine Befriedigung findet, der wird das Segeln im Kanu nur als Mittel zum Zweck ansehen, als Mittel, ihm das Reisen im Boot zu erleichtern. Er wird sich dem 5, 6½ und 7½ qm-Segelkanu zuwenden. Erfüllen nun die letztgenannten Klassen diese Aufgabe, oder vielmehr, erfüllen sie sie besser als der ebenfalls mit Segeln ausgerüstete (nur schwertlose) Kajak? Diese Frage muß ich aus eigener Erfahrung, sicher nicht ohne Widerspruch der Schwertbootbesitzer, glatt verneinen. Die Tatsache, daß die Zahl der Schwertboote (Segelkajaks) äußerst gering ist im Verhältnis zur Zahl der Wanderkajaks, unterstützt meine Ansicht.

Doch vergleichen wir. Das Kreuzen bzw. das Fahren am Winde (spitz gegen den Wind) oder mit halbem (seitlichem) Wind im Segelkanu ergibt zunächst ein Plus gegen den Wanderkajak, der nur mit ¾ Wind (seitlich von hinten, raumschoots) oder vor dem Winde (mit Rückenwind) gesegelt werden kann. Der Segler nennt dies Segeln raumschoots oder vor dem Winde im schwertlosen Boot etwas verächtlich treiben. Er sieht es als gefahr- und kunstlos an und vergißt dabei ganz, daß er in seinem Segelboot, wenn der Wind raumschoots bläst, das schönste, und wenn der Wind etwas stark von hinten kommt, das unangenehmste Gefühl hat; denn gerade bei dem Fahren vor dem Winde (Wind von hinten) ereignen sich leicht Unfälle durch Mastbruch, Zerreißen des Segels und Kentern bei einer Halse (Herumschlagen des Segels). Diese Überlegenheit kann im Segelkanu nur auf Seen oder breiten Flüssen voll ausgenützt werden;

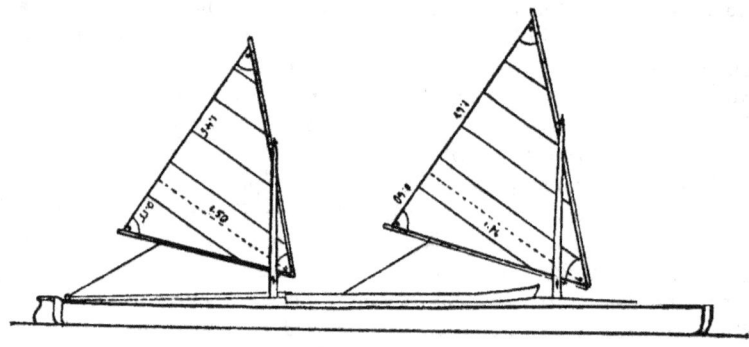

Wanderkajak (Zweisitzer) mit Hilfssegeln.

auf engerem Gewässer ist das Kreuzen zwecklos. Hinzukommt, daß unsere Flüsse und Seen häufig durch hohe Ufer und Wälder abgedeckt sind und die Reise im Segelkanu dann nur sehr langsam vor sich geht. Auch beim Kreuzen auf offenem Wasser erreicht das Segelkanu auch nicht annähernd so schnell das Ziel wie der geradeaus fahrende Kajak, der darin auf unseren Binnengewässern und Seen auch der kreuzenden Jacht überlegen ist, was manchem noch nicht aufgefallen sein wird. Auf Wanderfahrten kann das Segelkanu seine Segel wegen widriger Windrichtung oft auf lange Strecken nicht benutzen, und wo der Wind günstig ist, rutscht der Kajak ebenso gut. Das Schwertboot hat andererseits den Nachteil, schwerer zu sein, was sich beim Hereinbringen ins Wasser und beim Herausnehmen, ferner beim Umtragen von Wehren unangenehm bemerkbar macht. Der Schwertkasten versperrt den Raum, beeinträchtigt die Bequemlichkeit im Boot, zieht oft Wasser und wird zum ständigen Sorgenkind. Die verstauten Segel, die Steuereinrichtung (Ruder), allerlei Klampen und Enden machen das Segelkanu schon zu einem komplizierteren Fahrzeug. In bezug auf Beschaffungs- und Unterhaltungskosten ist es teurer als der Kajak. Für reine Wanderzwecke ist das Segelkanu, vielleicht mit Ausnahme seiner 5 qm-Klasse, dem Kajak unterlegen. Wer aber neben der Lust zum Wandern auch Spaß am Segeln und die dazu nötigen weiten Wasserflächen in der Nähe hat, der wähle das Segelkanu. Da das Segelkanu völliger gebaut ist, in den Linien weniger schlank ist als der Kajak, eben um unter Segel einigermaßen sicher zu sein, läuft es unter Paddel schwerer als letzterer. Dieser Nachteil ist bei den kleinen Segelkanuklassen (5 und 6½ qm) gering, macht sich aber immer mehr bemerkbar, je größer die Boote werden, bis dann für die 10 und 13 qm-Klassen mit zunehmender Breite das doppelseitige Paddeln aufhört und durch Rudern oder einseitiges Paddeln ersetzt werden muß.

Unter den Begriff Kajak fällt auch das Faltboot. Es läßt sich in zusammengelegtem Zustand leicht überall hintransportieren. Nur denke man nicht daran, mit dem verpackten Boot längere Fußstrecken zurücklegen zu wollen, wie mit einem bloßen Rucksack auf dem Rücken. Das Gepäck entspricht an Güte etwa einem soliden Reisekoffer. Zusammen mit den übrigen Siebensachen, die zur Reise gehören, läßt sich allenfalls ein kurzer Weg vom Bahnhof zum Fluß ohne größere Beschwerden zurücklegen. Der Gedanke, das Faltboot nach jeder Sonntagsfahrt abzubauen und mit nach Hause zu schleppen, um so der Mietszahlung für einen dauernden Bootsstand zu entgehen, diese Absicht, die viele zum Kauf eines Faltboots geführt hat, wird nur von wenigen auf die Dauer durchgeführt. Da, wo genügend viel Fluß- und Seengebiet vorhanden ist, um eine Tagesfahrt vom Bootshaus aus anzutreten und dort wieder beenden zu können, haben die Faltbootbesitzer sich bald feste Boote zugelegt oder, wenn ihnen dies nicht möglich war, ihre Boote aufgebaut auf dem Stand im Bootshaus gelassen, um sie von dort aus sonntäglich ganz wie feste Boote zu benutzen. Die feste Bootsform befriedigt nicht nur gefühlsmäßig mehr, etwa durch das Aussehen und durch die Schönheit des Materials (edle Hölzer, schönes Deck, Spiegelglanz des Lackes), sie hat auch sonst erhebliche Vorteile. Die Abmessungen fester Boote sind größer. An Schnelligkeit sind sie den Faltbooten im allgemeinen überlegen. Sie gewähren mehr Stauraum, bequemeres Sitzen, im Zweier besonders für den Vordermann. Da aber, wo Flüsse infolge ihres starken Stromes nur flußabwärts befahren werden können und die Reise abends an einem fernen Ort abgebrochen werden muß, ferner da, wo Flüsse und Seen nur mit der Bahn zu erreichen sind, ermöglicht es überhaupt erst die Ausübung des Kanusports. Auf Gebirgsflüssen mit Steinen und Blöcken hält es einen Anprall besser aus als ein festes Boot. Denn das Gerippe und der Bezug geben da noch federnd nach, wo das feste Boot schon splittern würde. Ganze Gebirgsflußsysteme sind erst durch das Faltboot dem Sport erschlossen worden. Reißende, brodelnde Flüsse, auf die sich bisher keine Menschenseele gewagt hatte, sind mit dem Faltboot erstmalig befahren worden. Beschädigungen lassen sich leicht reparieren. Das Umtragen von Wehren, Schleusen und Hindernissen ist fast mühelos. Gerade am Faltboot läßt sich am besten beweisen, wie sehr der Kanusport als Wandersport dem Ruder- und Segelsport überlegen ist. Zusammengefaßt können wir vom Faltboot sagen, daß es ein sehr brauchbares Boot mit vielen Vorzügen und wenigen Nachteilen ist. Seine Verwendungsmöglichkeit richtet sich nach den örtlichen Verhältnissen. Bei der Beschaffenheit unserer Gewässer eignet es sich mehr für Süddeutschland, doch ist jedem passionierten Kanumann die Anschaffung eines Faltboots für besondere Unternehmungen anzuempfehlen.

Für den Rennbetrieb sind schmale Kajaks von 51—59 cm Breite sowie Vierer und Achter mit Steuermann vorgesehen. Diese reinen Rennboote sind nur für Regatta- (Wettfahrt-) und Trainings- (Übungs-)zwecke bestimmt. Für Wander- und Tagesfahrten kommen sie nicht in Betracht. Ihnen wird sich nur der zuwenden, der den Rennsport ausüben will; wollte er in einem Renneiner oder Rennzweier Wanderfahrten machen, so würden ihm dies die geringe Breite der Boote, die das Kentern zu sehr begünstigt, und der in den meisten Fällen unzureichende Stauraum (für das Gepäck) bald verleiden. Auch vom Rennkajak (Klasse I, Ia, III) können wir uns daher in diesem Kapitel abwenden. Es gibt dann noch eine Übergangsform vom Rennboot zu den Wanderbooten (Klasse IIa), die für den Einer 60, für den Zweier 65 cm Mindestbreite vorsieht und die in ihren Eigenschaften den Rennkajaks nahe kommt.

Der aufmerksame Leser wird inzwischen schon herausgefühlt haben, daß die Bootsklasse, von der er am wenigsten Enttäuschungen zu befürchten hat, die am meisten allen billigen Ansprüchen gerecht wird, die die größte Verwendungsmöglichkeit hat, jener Typ ist, mit dem die Laufbahn des Kajaks begonnen hat, nämlich der „Rob Roy"-Typ, das Flußwanderboot. Diesem entsprechen unsere heutigen Klassen A IIb und IIc, und an Hand von Bauzeichnungen (Rissen) für einen Wandereiner und einen Wanderzweier ist dann die nachfolgende Baubeschreibung auch durchgeführt.

Bootsformen und Bauweisen.

Der Selbstbauer muß in großen Zügen wenigstens unterrichtet sein über die Bootsformen und Bauweisen des allgemeinen Schiffbaues, die für den Bau von Sportbooten Verwendung finden, auch soweit sie nicht für den Selbstbau in Frage kommen. Im großen und ganzen herrscht hierüber bei den Kanufahrern (und Ruderern) eine bedauerliche Unwissenheit; die Segler sind über den Bau ihrer Fahrzeuge schon mehr unterrichtet. Das Gebiet ist nicht groß, und sobald man es einmal erläutert bekommen hat, leicht zu be-

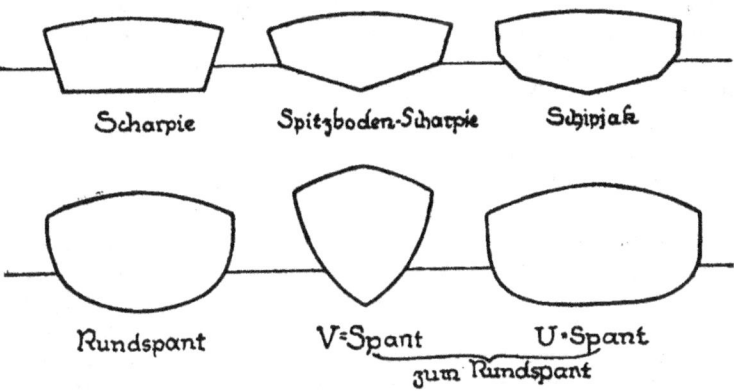

herrschen. Die Kenntnis desselben ist nützlich beim Meinungsaustausch unter Sportsleuten, beim Kauf und bei der Bestellung von Booten, bei ihrer Behandlung und bei der Unterweisung noch wenig erfahrener Kameraden. Vorweg seien die zu erläuternden Ausdrücke übersichtlich aufgestellt.

Bootsformen:

Scharpie (Sharpie) 1 Planke,
Spitzboden-Scharpie 2 Planken,   auf jeder Seite
Schipjak (Skipjak) 3 Planken,
Rundspant 5—8 Planken.

Bauweisen:
Klinker,
Karweel (Krawel, Kravel) spr. Karwehl,
Nahtspant,
Diagonal-Karweel,
Holz-Leinwand (Schwedenbau)
Leinwand.

Die Scharpie ist ein Boot mit flachem Boden, wie ein Fischer- oder Anglerkahn, die Seitenwände stehen in einem stumpfen Winkel zum Boden. Die Bauweise macht den Kiel, der bei anderen Bootskörpern dem Gerippe den Halt gibt, entbehrlich.

Die Herstellung von Scharpiebooten verursacht verhältnismäßig geringe Arbeit und geringe Kosten. Sie sind etwas langsamer als Rundspantboote, sonst aber ziemlich leistungsfähig. Es gibt ausgezeichnete Risse bester Konstrukteure für Kajaks in Scharpieform. In der Nachkriegszeit überschwemmte jedoch eine Anzahl der vielen aus den Boden gestampften Werften den Markt mit unschönen und mangelhaft gebauten Erzeugnissen dieser Art, die auf den Laien und den Sportsmann einen schlechten Eindruck machten und dem Ansehen des Kanusports, der in der Vorkriegszeit über weniges aber gutes Bootsmaterial verfügt hatte, erheblich schadeten. Auch viele Selbstbauer von Scharpiekanus haben ihr Teil dazu beigetragen. Die Nachteile der Bauart sind folgende: Die Boden- und Seitenbretter (Planken) können, um das Boot nicht zu schwer zu machen, nur von geringer Stärke sein und sind daher leicht geneigt, sich beim Gebrauch des Bootes oder durch Nässe zu verziehen und zu reißen. Die Dichtung an der Kante (Kimm) zwischen Boden und Planken und die Dichtung des aus zwei Längsbrettern zusammengesetzten Bodens lockert sich und das Boot zieht dann ganz übermäßig Wasser. Ein in derselben Weise hergestellter Fischer- oder Anglerkahn wird diesen Fehler nicht zeigen, weil er aus dicken Bohlen besteht, die fest an den ebenfalls starken Spanten befestigt und ausgiebig mit Teer und Pech gedichtet sind. Die Höhe des Innenraums ist gering. Der Vordermann kann seine Beine schlechter unterbringen als im Rundspantboot. Bei Wellengang klatscht der vordere Teil des Bodens in unangenehmer Weise auf das Wasser. Bei einer geringen Verlagerung des Gesäßes oder beim Bewegen im Boot hat man das Gefühl des Kippens, während das im Boden nicht zu spitz gebaute Rundspantboot in jeder Beziehung ruhiger im Wasser liegt und Wasser- und Körperbewegung besser ausgleicht. Wenn das Scharpiekanu (kurz die Scharpie genannt) sich auch auf manchen Flüssen mit Untiefen, Sandbänken, flachem Grund bewähren mag, so muß dennoch heute diese Bauform als unzeitgemäß und überholt abgelehnt werden. Aus diesem Grunde ist auf die Beschreibung des Scharpiebaues verzichtet worden.

Den Übergang vom Scharpie- zum Rundspantboot bildet die Schipjakform. Was damit gemeint ist, läßt die Skizze (S. 23) eines Querschnittes am besten erkennen. Schipjakboote sind auf Kiel und über Spanten gebaut, sie haben also, wenn man sie sich als auf dem Rücken schwimmend vorstellt, ein Rückgrat und Rippen, über die die Haut in Gestalt von Planken gezogen ist. Diese Planken sind sehr breit, daher gering an Zahl, im allgemeinen 3 auf jeder Bootsseite. Wo sie zusammenstoßen, bilden sie stumpfe Ecken (Kanten). Die Schipjakform wurde in den letzten Jahren häufig beim Jollenbau angewandt. Ihre Freunde behaupten, sie sei für den Selbstbau mehr geeignet als Rundspant in Klinkerbau, weil leichter auszuführen. Dieser letzte Grund ist zum mindesten in bezug auf den Kanubau stark anzuzweifeln. Der Bau eines Kanus in Schipjakform ist schon so kompliziert, daß man sich lieber gleich dem Rundspant-Klinkerbau zuwenden sollte. Aus diesem Grunde ist auch die Bauausführung eines Schipjakbootes hier nicht beschrieben.

Wir kommen nun zum Rundspant. Er ermöglicht es, dem Bootskörper die vollkommensten Formen zu geben, was ohne weiteres klar wird, wenn man sich vorstellt, daß der Fischleib auch keine Kanten aufweist. In der Regel von den Enden des Boots nach der Mitte zu breiter werdend, kann er dabei alle Bogenformen vom schlanken V bis zum breiten U durchlaufen und stellenweise nach innen gebogen sein. Man spricht daher von V- und U-förmigen Spanten. V-förmige Spanten ergeben unstabile (zum Umkippen neigende) Boote mit schlanken Linien (mit schlankem Leib). U-förmige Spanten ergeben stabile (nicht so leicht kippende) Boote (sie werden viel für Segelkanus verwandt) mit völligen Linien (bauchigem Leib). Die Querschnitte (Spantrisse) der Boote setzen sich aus V- und U-förmigen Spanten zusammen. Je mehr U-Spantform, je stabiler wird das Boot, jedoch meist auf Kosten der Schnelligkeit. Je mehr V-Spantform, je unstabiler aber um so schneller. Das ist — grob ausgedrückt — der Charakter dieser Formen. Sind sie stellenweise nach innen gebogen, so spricht man von hohlen Linien. Spantrisse (Bauzeichnungen) mit hohlen Linien sind im Kanubau nicht üblich und für den Selbstbau nicht geeignet; sie sind deshalb hier nicht verwandt.

Weil wir gerade bei den Bootsformen sind, sei hier noch eine auffallende äußere Eigentümlichkeit erwähnt, nämlich der aufgeholte Kiel. Er bildet den Gegensatz zu dem geraden (Ruderboots-) Kiel, der das Wenden der Boote erschwert und für feinrassige

Kanus nicht mehr in Frage kommt. Der aufgeholte Kiel verläuft in einem ganz flachen, nach den Bootsenden zu sich hebenden Bogen.

Nun weiter zu den Bauweisen. Schon die ausgegrabenen alten Wikingerschiffe zeigen neben wundervoll schönen Linien eine Bauart, die heute noch für den Bau von kleineren Schiffen (Booten) maßgebend ist, den Klinkerbau. Bei ihm sind die Planken auf einen kleinen Teil ihrer Breite dachziegelartig übereinander gelegt

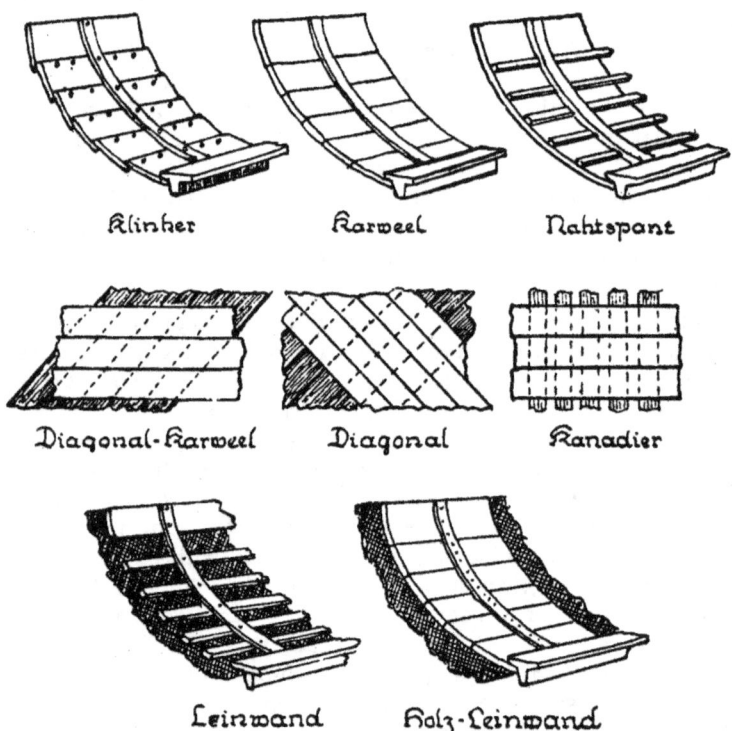

und an diesen übergreifenden Rändern fest miteinander vernietet. Hierdurch wird eine gute Dichtigkeit und große Festigkeit des Bootskörpers erreicht. Die zahlreichen schmalen Planken schmiegen sich außerdem gut der gewünschten und durch die Haupttrippen festgelegten Bootsform an. Der Klinkerbau eignet sich für den Selbstbau von reinen Holzbooten nur da, wo der Selbstbauer schon über ein Durchschnittsmaß von handwerklicher Geschicklichkeit verfügt oder sich diese durch voraufgehende einfachere Selbstbauten erworben hat. Für den ersten Anfang im Bootsbau dürfte er sich, vorausgesetzt, daß der Selbstbauer nicht schon von Hause aus mit Tischlerarbeiten gut Bescheid weiß, kaum eignen. Eine Beschreibung des Klinkerselbstbaues ist in diesem Buche enthalten. Beim Klinkerbau bilden die Planken zahlreiche stufenförmige Längskanten am Bootskörper, die aber die allgemeine Rundspantform nicht beeinträchtigen. Durch diese Stufen wird das Boot etwas stabiler, da sie der seitlichen Neigung des Bootskörpers Widerstand entgegensetzen (gut für übertakelte Segelkanus).

Die am meisten erstrebenswerte Bauweise ist die, die eine glatte Außenhaut ermöglicht, weil die Kanten an einem Bootskörper den Widerstand im Wasser vermehren und die Fortbewegung hemmen.

Für Holzboote ist diese Bauweise der Karweelbau (spr. Karwehl). Die Planken stoßen mit ihren schmalen Rändern gegeneinander, die engen Fugen werden mit Baumwolle gedichtet. Ihren Halt finden die Planken an den Spanten, mit denen sie vernietet sind. Karweelbau ist für den Selbstbau zu subtil und in der Herstellung teurer als Klinkerbau. Er ist die übliche Bauweise für Sportsegelboote und für große Schiffe, soweit sie nicht aus Eisen sind.

Um bei geringen Plankenstärken (von etwa 8 mm abwärts) die Dichtung der Planken zu erleichtern, wird der Stoß (das Zusammentreffen) der Planken bei derartig gebauten Booten von innen mit Längsleisten, die wie die Planken der Länge nach laufen, verdeckt. Diese Bauart heißt Nahtspantsystem; sie ist u. a. bei den noch zahlreich vertretenen Sperrholzbooten angewandt worden.

Ist die Außenhaut des Holzbootes aus Holzstreifen (Planken) hergestellt, die diagonal zu den Querspanten laufen und die dann eine entgegengesetzt diagonal verlaufende zweite Plankenlage tragen, so spricht man von Diagonalbau.

Ist die innere Plankenschicht dieser Bauweise diagonal, die äußere aber rechtwinklig zu den Querspanten angeordnet, so liegt Diagonal-Karweelbau vor. Beide Diagonalbauweisen sind Luxusausführungen, die sehr teuer und, sauber gearbeitet, sehr haltbar sind. Derartig gebaute Boote bedürfen aber einer aufmerksamen Pflege und eines dauernd guten Anstrichs. Da beide Plankenschichten sich leicht verziehen, tritt eine Beschädigung auf, sobald irgendwo Wasser zwischen sie dringen kann. Wird dann nicht sofort Abhilfe geschaffen, so ist der Verfall unaufhaltsam. Instandsetzungen sind schwierig und teuer.

In ähnlicher Weise, wie beim Diagonal-Karweelbau die Bootshaut aus zwei Schichten gebildet wird, ist bei dem Holz-Leinwandbau über den Spanten zunächst eine karweele, in der Längsrichtung verlaufende Beplankung angebracht, die dann statt mit einer zweiten Lage Planken mit Leinwand überzogen wird. Bei guter

Bearbeitung kann die Leinwand durch Spachtel, Farbe und Lack völlig glatt gemacht werden (vergl. Kanadier). Die Bauweise ist technisch der karweelen gleich. Infolge der absoluten Dichtigkeit der Leinwand-Außenhaut ist aber eine besondere Dichtung der Plankenlage von innen nicht notwendig. Diese Bauweise ist sehr fest und für größere Boote wie Segelkanus geeignet, da sie den ganzen Bootskörper steif (unverbiegbar) macht. Sie bietet dem Selbstbauer keine Schwierigkeiten und ist einer der nachfolgenden Baubeschreibungen zugrunde gelegt.

Sie findet auch für Kanadier Verwendung. Für den Kanadier wird aus Holzklötzen und Eisenbändern ein fester Leisten hergestellt, ähnlich wie der Leisten des Schuhmachers. Über diesen Leisten werden nebeneinander in nur geringen Abständen (2 cm) flache Querspanten gepreßt, die nach ihrem Trocknen die Bootsform (Leistenform) behalten und nun ziemlich roh mit einer Längsbeplankung (Karweel) versehen werden. Darüber kommt der dünne Leinwandbezug, der durch vielfache Bearbeitung mit Spachtel, Bimsstein, Sandpapier, Farbe, Lack endlich völlig glatt wird. Über denselben Leisten werden dann die Boote fabrikationsmäßig in Serien hergestellt. Ein Kanadier läßt sich im Selbstbau nicht annähernd in der Güte wie im Serienbau der Werften herstellen, die ihn verhältnismäßig wohlfeil liefern. Der Selbstbau des Kanadiers wird deshalb hier weder empfohlen noch beschrieben. Wenn wir uns den Holz-Leinwandbau vorstellen, aber an Stelle der inneren längsgerichteten karweelen Plankenlage in gewissen Zwischenräumen schmale Latten denken, die von Steven zu Steven laufen und, mit den Spanten verbunden, ein festes Gerippe bilden, das dann mit starker Segelleinwand bezogen wird, so haben wir den reinen Leinwandbau. Der Leinwandbau mit Furnierdeck ist für den Bau von Wanderkajaks außerordentlich gut geeignet, billig und leicht auszuführen. Er ist in diesem Buche ebenfalls beschrieben.

Die Bauzeichnung (Der Riß).*)

Die Bauzeichnung zu einem Boot wird von einem Konstrukteur hergestellt. Dieser hat seine Befähigung hierzu in langjähriger Facharbeit erworben. Die Konstruktion von Booten ist eine der schwierigsten Arbeiten, die es gibt; denn es wird fast ausschließlich mit Kurven gearbeitet. Außer Übung und Erfahrung muß der Konstrukteur ein ausgesprochenes Gefühl für Linien und Kurven besitzen, eine Eigenschaft, die ihn zu einem Künstler auf seinem Gebiete macht. Eine Anleitung zur Herstellung von Rissen soll hier auch nicht gegeben werden. Gewiß wird es Laien geben, die das Talent haben, sich mit der Zeit in dieses Gebiet hineinzuarbeiten. Doch brauchen sie Jahre mühseliger Arbeit dazu. Nachdem sich jetzt schon geraume Zeit geübte Konstrukteure mit der Fertigung von Kanurissen befassen, wird es dem Laien kaum möglich sein, sie zu übertreffen. Risse für den Selbstbau sind käuflich zu erwerben, man vergleiche die allerdings nicht zu zahlreichen Angebote in den Fachzeitschriften. Die darin veröffentlichten Risse sind von den Konstrukteuren meist so gehalten, daß sie nicht ohne weiteres zu verwenden sind, zumal auch die bloße Vergrößerung schwierig ist. Es sei ferner darauf hingewiesen, daß diese Risse geistiges Eigentum des Konstrukteurs sind und daher nur mit seiner Genehmigung verwandt werden dürfen. Die hier beigegebenen beiden Risse sind für den Selbstbau freigegeben. Den Bezug der Spanten- und Stevenrisse in Originalgröße wird der Verfasser gern vermitteln. Es handelt sich um zwei sehr gute Gebrauchstypen. Weitere Risse beizufügen, wäre nicht zweckmäßig gewesen. Dem Anfänger hätte es die Auswahl erschwert und der Erfahrenere würde, selbst wenn ihm dreißig Risse zur Verfügung gestanden hätten, sicher den einunddreißigsten, hier nicht abgedruckten, gewünscht haben. Die Baubeschreibungen sind dagegen so gehalten, daß nicht nur nach den beiliegenden, sondern nach jedem käuflich erworbenen Riß gebaut werden kann. Es ist aber notwendig zu erläutern, wie eine solche Bauzeichnung auszuwerten, wie sie zu verstehen bzw. wie sie zu lesen ist. Streng genommen unterscheidet man zwischen einem Bauplan und dem Linienriß, wobei der Bauplan

---

*) Sämtliche in der nachfolgenden Darstellung enthaltenen Einzelangaben beziehen sich selbstverständlich auf die hier beigefügten Zeichnungen.

eine Zeichnung darstellt, die die Umrißlinien, die Stärken des zu verwendenden Materials und die Einzelteile wiedergibt, während der Linienriß sowohl den Verlauf der Umrißlinien wie den verschiedener Schnittlinien zeigt. Der Riß ist die wichtigere Zeichnung, die wir auch meist in den Zeitschriften und Büchern finden. Von ihm soll die Rede sein.

Der Riß zerfällt in drei Teile:

1. Längenriß 2. Wasserlinienriß 3. Spantenriß.

Zu 1) der Längenriß (das Profil, die Seitenansicht) zeigt verschiedene senkrechte Schnitte, die durch den Bootskörper in der Längsrichtung genommen sind. Man denke sich diesen wie nachstehend skizziert zerlegt. Die entstehenden Schnittflächen, zwei auf jeder Seite außer dem Mittelschnitt, sehen dann in der Zeichnung so aus:

C W L = Konstruktions-Wasserlinie.

Da sich die Schnitte auf jeder Seite gleichen, sind sie nur einmal dargestellt.

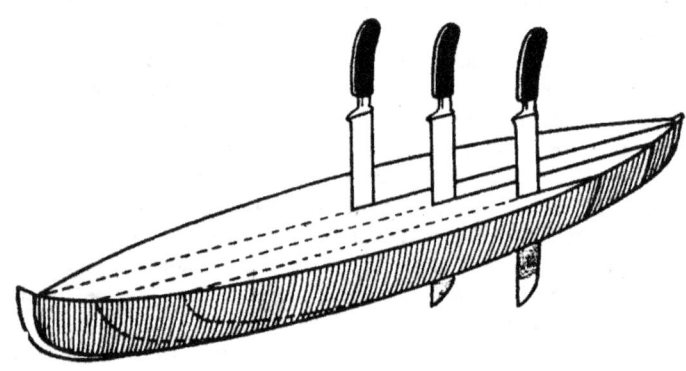

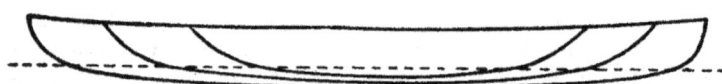

Zu 2) Der Wasserlinienriß (die Aufsicht) zeigt wagerechte Schnitte durch den Bootskörper und zwar einen in der Schwimmebene des Bootes, die der Konstrukteur als Ausgangspunkt für seine Zeichnung wählt und die deshalb Constructions-Wasser-Linie oder

C.W.L. genannt wird, drei Schnitte liegen unter, zwei über der C.W.L. Die unteren heißen kurz Wasserlinien, die oberen Hilfs-Wasserlinien, abgekürzt W.L. und H.W.L. Denken wir uns den Bootskörper in nachstehender Weise an 6 Stellen durchschnitten, wobei der Übersichtlichkeit wegen hier nur 3 Messer angesetzt sind, so erhalten wir 6 Schnittflächen, die folgende Konstruktionszeichnung der Wasserlinien ergeben:

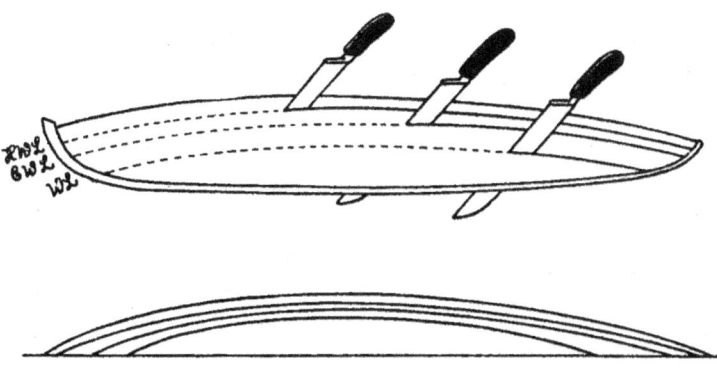

Zu 3) Der Konstrukteur teilt nun den Bootskörper durch weitere senkrechte Querschnitte in 10 Teile und erhält so den **Spantenriß** mit halbseitiger Darstellung der 4 Spanten der hinteren Schiffshälfte (links) und der 4 Spanten der vorderen Schiffshälfte (rechts) sowie ganzseitiger Darstellung des Mittelspants:

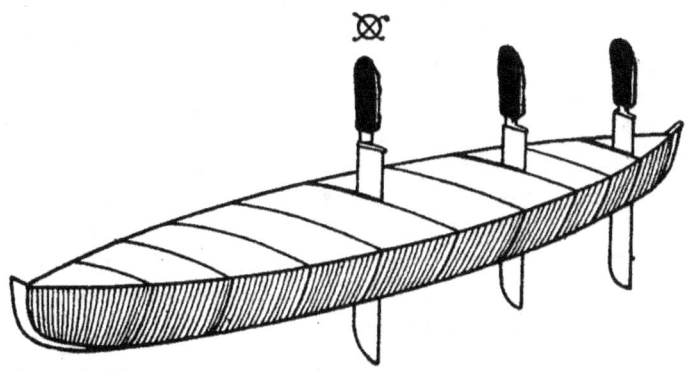

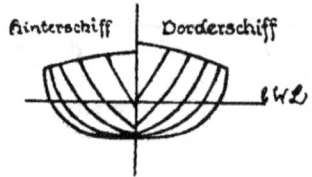

Sobald auf diese Weise klar geworden ist, was Längen-, Wasserlinien- und Spantenriß zu besagen haben, wird die Entzifferung des vollständigen Risses keine Schwierigkeiten bereiten. Man vergleiche hierzu die hinten beigefügten Risse für den Selbstbau.

Von dem Längenriß ist noch zu sagen, daß er stets so dargestellt wird, daß die Spitze des Bootes (der Bug) nach rechts zeigt. Oben sehen wir in einer sanften Kurve die Mittellinie des Decks, gleich darunter die Schandecklinie (die Seitenkante des Decks) verlaufen. Den leichten Bogen, den letztere zumeist aufweist, nennt man den Deckssprung. Die lebhaften Kurven der beiden seitlichen Längsschnitte tragen, von der Mitte angefangen, die Bezeichnungen a und b. Die Wasserlinien sind durch gerade wagerechte Linien dargestellt. Unter ihnen fällt die mit C.W.L. gekennzeichnete Konstruktions-Wasserlinie sofort auf. Unter der C.W.L. liegen die drei Wasserlinien des Unterwasserschiffs (W.L.) und über ihr die beiden Hilfswasserlinien des Überwasserschiffs (H.W.L.). Die Länge des Bootes von der äußersten Vordersteven- bis zur äußersten Hinterstevenkante (ohne Steuer) ist die Länge über Alles (L.gr. = Größte Länge), die Länge des Bootes in der Wasserlinie führt die Bezeichnung Lwl. Die Entfernung von der C.W.L. bis zur tiefsten Stelle des Kiels ist der Größte Tiefgang (Tgr.). Der unterhalb der C.W.L. (also im Wasser) liegende Teil des größten Längenschnittes (Mittelschnitt) einschl. der Steuerruder- und Schwertfläche ist der Lateralplan (L.P.). Der Lateralplan setzt dem Wasser den seitlichen Widerstand entgegen, der veranlaßt, daß die Kräfte, die das Schiff bewegen, sich in der Längsrichtung auswirken. Um die Drehfähigkeit zu vermehren, ist der Kiel nach beiden Bootsenden zu in leichter Kurve aufgeholt. Die Entfernung der tiefsten Stelle der Außenkante des Decks (Schandeckslinie) von der C.W.L. ist der Freibord (Fb.).

Bei Betrachtung des Wasserlinienrisses bemerken wir, daß die Kurven der Wasserlinien ebenfalls nur für die eine Bootshälfte dargestellt sind. Man muß sich also die Schnittflächen nach der andern Seite zu hinzudenken. Die äußerste Kurve ist die Deckslinie (die von oben gesehene Schandeckslinie). Die Kurven werden von 9 senkrechten und 3 wagerechten Linien geschnitten. Es sind dies die Querschnitte (vom Spantenriß) und die Längsschnitte (vom Längenriß). Die untere Hälfte der Zeichnung ist gewöhnlich eine Decksaufsicht, aus der die Form der Sitzöffnung (Plicht), der Stauluken u. a. m. zu ersehen ist.

Ganz besonders aber interessiert den Selbstbauer der **Spantenriß**. Er ist der Schlüssel für die Verwertung des Risses als eigentliche Bauzeichnung. Die Längsschnitte vom Längenriß erscheinen hier als senkrechte, die Schnitte vom Wasserlinienriß als wagerechte gerade Linien. In allen drei Linienrissen treffen sich die Schnitte in denselben Schnittpunkten, wie sich durch Nachmessen leicht feststellen läßt. Die Linienrisse kontrollieren sich demgemäß untereinander. Zur weiteren Kontrolle des Verlaufs der Kurven zeichnet der Konstrukteur in den Spantenriß noch schräge Hilfslinien ein, die Senten genannt werden, uns aber hier nur insofern interessieren, als wir nachher noch andere Senten, nämlich die Latten am Gerüst des Leinwandboots, kennen lernen werden. Eine ähnliche Doppelbedeutung hat die Bezeichnung Spant. Der Spant ist ein fester Bauteil des Schiffes in Form des Querschnitts. Der Spantenriß stellt den Umriß der Querschnitte dar, die man ebenfalls kurz Spanten nennt. Es ist schon gesagt worden, daß vielfach 9 Spanten gezeichnet werden, wodurch die Bootslänge in 10 Teile zerlegt würde. Bei sehr gewissenhaft durchgeführten Rissen (vergl. die anliegenden Risse für den Selbstbau) ist die Bootslänge in 20 gleiche Teile aufgeteilt, so daß 19 Spanten entstehen. Der Schnitt an der breitesten Stelle im Boot ist der **Nullspant** oder **Hauptspant**. Er wird durch das Zeichen ⊗ kenntlich gemacht. Der Konstrukteur richtet es gewöhnlich so ein, daß der Nullspant mit einem der 9 oder 19 Teilungsspanten zusammenfällt. Wo dies nicht der Fall ist, muß er besonders gezeichnet werden. Die breiteste Stelle im Boot, d. i. der Nullspant, liegt gewöhnlich etwas vor der Mitte der Bootslänge, diese **Größte Breite (B)** ist zu unterscheiden von der **Breite über Alles (Bgr.)**, die an der breitesten Stelle einschließlich Außenhaut und Scheuerleiste gemessen wird, und von der **Breite in der C.W.L. (Bwl.)**, d. i. die breiteste Stelle in der Konstruktionswasserlinie. Die Spanten werden von 1—19 fortlaufend beziffert. Das geschieht zuweilen vom Heck, zuweilen vom Bug aus. Wir beginnen vorn beim Bug. Wenn der Selbstbauer nach einem Riß arbeitet, zu dem er die Spanten in Originalgröße nicht käuflich erwerben kann, muß er den Spantenriß vergrößern, was auf photographischem Wege oder mit einem Storchschnabel geschieht, auf alle Fälle aber schwierig ist.

Im Anschluß an die vielen, ihm neuen technischen Ausdrücke, die der Selbstbauer soeben kennen gelernt hat, seien noch zwei weitere häufig vorkommende kurz erläutert: Deplacement (V) und Schwerpunkt (⊙). —

Als Deplacement (deutsch: Verdrängung) bezeichnet der Schiffbauer die Wassermenge, an deren Stelle sich der Schiffskörper mit seinem Gesamtinhalt setzt. Das geschieht durch das Eintauchen, und der eingetauchte Teil des Schiffes oder Bootes verdrängt stets auf das Gramm genau so viel Wasser oder sonstige Flüssigkeit, als das Fahrzeug mit Belastung — wenn solche vorhanden! — wiegt. In Salzwasser, das schwerer ist als Süßwasser, taucht daher der Schiffsrumpf weniger tief ein als in Süßwasser, und in diesem wieder weniger als z. B. in Öl, das bekanntlich auf Wasser schwimmt, also leichter ist. Die Tragkraft ist gewöhnlich noch viel größer; sie hängt von dem nach dem Eintauchen des Schiffskörpers noch verbleibenden Überwasser-Schiffsraum ab.

Die Wanderkanus, Rennkajake und die Kanadier sind „sehr schwer, fast bis an die äußerste Grenze ihrer Tragkraft belastete" Schiffskörper. Wenn ein solches Fahrzeug sich nicht nur leicht fortbewegen, sondern auch noch eine erhebliche Sicherheit der Besatzung gewährleisten soll, so muß natürlich der Bootsrumpf auf die ihm jeweils zugedachte Leistung abgestimmt werden. (Zwecktypen!) Das geschieht durch die Konstruktionszeichnung und durch die damit zu verbindende Berechnung der Tragkraft bis zu der in der Zeichnung als Cwl (= Konstruktionswasserlinie) bezeichneten Tauchtiefe. (Veranschlagtes Deplacement). Soll z. B. ein Wanderkanu für große Fahrt (Zweisitzer) folgende Gewichte tragen: 1. Boot 45 kg, 2. Mannschaft 150 kg, 3. Ausrüstung 20 kg, 4. Proviant und Zeltlagermaterial 35 kg, das sind zusammen 250 kg, so muß es bis zu der als Cwl. bezeichneten Linie 250 kg Wasser verdrängen. Nimmt der Konstrukteur hierauf keine Rücksicht, sondern zeichnet er einfach ein recht schlankes, elegantes Fahrzeug, so bekommt der Käufer oder der Erbauer zwar ein sogenanntes „schnittiges" Boot, die Leistungen des für den beabsichtigten Verwendungszweck vollgepackten Fahrzeugs sind jedoch zumeist nicht sehr schneidig! (N. B. Mit dem Ausdruck „schnittig" wird viel Unfug getrieben; er ist oft nur dazu gut, den Mangel an positiver Sachkenntnis imponierend zu verdecken.)

Um die schwerbeladenen Wanderkanus zu verbessern, haben die Berliner Wanderpaddler im Jahre 1921 energisch auf größere Länge gedrängt. Leider hat der D. K. V. zwar die Einer-Höchstlänge allgemein auf 5,00 m, die Zweierlänge jedoch nur für eine besondere L-(= Lang) Klasse auf 6,00 m heraufgesetzt. Dadurch ist erstens ein schreiendes Mißverhältnis zwischen den Abmessungen der beiden grundverschiedenen Bootsgattungen geschaffen und zweitens die Ungleichheit von Booten begünstigt worden, die für den gleichen Gebrauch dienen. Es kann hier nur jedem dringend geraten werden, stets möglichst die Höchstlängen zu wählen; er wird nur in den allerseltensten Fällen irgendwie enttäuscht werden. Soviel im Zusammenhang mit dem Begriff: Deplacement.

Über den Schwerpunkt wäre folgendes zu sagen: Wenn man sich die vom Boot verdrängte Wassermenge als starren Körper denkt, so gibt es an diesem Körper selbstverständlich einen Punkt, in dem man ihn an einem Faden hochheben könnte, ohne daß eine Seite sich hebt und die andere sich senkt. Es ist das diejenige Schnittzone, die den Körper, in zwei — der Menge, dem Gewicht, nicht aber der Form nach! — gleiche Teile teilen, also halbieren würde. Innerhalb dieser Zone, also im Innern des Körpers, liegt der mit ⊙ bezeichnete Deplacementsschwerpunkt. Die Tiefenlage dieses Punkts ist im Rahmen dieses kleinen Werkchens unerheblich, es kommt nur auf seine Entfernung von den Bootsenden an. Auch das läßt sich nach der Zeichnung berechnen. Je nach der Unterwasser-Bootsform liegt der Depl.-⊙ vor oder hinter der Bootsmitte. Bemerkt sei, daß er in den hier beigefügten Entwürfen zwischen Spant 4½ und 5 liegt. Auf die Schwimmverhältnisse des Bootes bezogen, läßt sich die Bedeutung des Punktes nur so begrifflich darstellen, daß man sagt: Ein Gewichtstück von der Schwere, die nötig ist, um das Boot in horizontaler Lage auf die gezeichnete Cwl. herunter ins Wasser zu drücken, müßte und könnte diese Wirkungen nur erzielen, wenn es eben genau in diesem Punkte, d. h. in seinem Abstand von den Bootsenden aufgestellt würde.

Auch der Laie wird nun hieraus erkennen, daß jede Verteilung des Gewichts die Längsschwimmlage des Bootes sofort ändern kann. Soll nun das beladene Boot seiner — gezeichneten — Cwl. entsprechend horizontal schwimmen, so muß man die Belastung entsprechend verteilen. Das nennt man trimmen. Dazu dienen verstellbare Rückenlehnen und Fußsteuer und Änderungen in der Gepäckverteilung. Man lernt das bald, wenn man auf wohlmeinende, sachverständige Kameraden hört, die uns gern sagen, ob das Boot, worin wir sitzen, richtig im Wasser liegt, oder ob Nase oder Heck wegsacken.

Nun noch der Lateralplan-⊙ = Schwerpunkt.

Unter Lateralplan versteht man die auf der Bootszeichnung durch die Cwl. abgetrennte Unterwasser-Längsfläche. Also nicht den Schiffsrumpf selbst, sondern sein Unterwasser-Seitenprofil. Je größer — nicht je länger! — diese Profilfläche ist, desto mehr widersetzt sich das Boot dem Seitwärtsschieben. Je länger und zugleich gleichmäßig tief sie ist, je mehr sie sich also dem Rechteck nähert, desto schwerer dreht das Boot, und je mehr die Lateralfläche nach der Mitte und Tiefe zusammengezogen ist, desto leichter wendet es. Ein langes, auf ebenem Kiel gebautes Ruderboot hat einen rechteckigen Lateralplan und dreht schwer, ein Kajak mit vorn und hinten hochgezogenem Kiel schon wesentlich leichter, und ein Segelkanu mit U-Spant und Senkschwert wendet fast „auf dem Teller". In jedem der drei Fälle aber gibt es eine Stelle im Längsprofil des Unterwasserschiffs, gegen die man drücken müßte, wenn man das Boot durch diesen Angriff an einem einzelnen Punkt, ohne eine Drehung hervorzurufen, seitwärts schieben wollte. Es ist das diejenige Stelle, zu deren beiden Seiten sich der Wassergegendruck das Gleichgewicht hält. Würde man also weiter vorn drücken, so müßte das Vorderschiff nachgeben, umgekehrt das Hinterschiff.

Diese Erklärungen sind ausdrücklich für Laien bestimmt.

II. Teil.

Bau eines Kajaks nach anliegendem Riß.

(Einsitzer mit Leinwandhaut)*)

Allgemeines vom Leinwandboot.

Die nachfolgende Baubeschreibung ist nicht nur leicht faßlich und leicht ausführbar, sondern das danach hergestellte Boot ist auch in jeder Beziehung sportgerecht, es übertrifft in diesem Punkte unbedingt das Flachbodenboot (die Scharpie) und kommt im äußeren Eindruck dem Klinkerboot gleich. Den Rumpf bildet ein festes Lattengestell mit Leinwandbezug und festem Holzdeck. Allerdings eignet sich diese Bauweise nur für Kajaks; für die größeren Breitenabmessungen der Segelkanus (Segelkajaks) und deren Beanspruchung durch den Segeldruck ist eine allgemein festere Ausführung nötig, wie sie später im Holz-Leinwandbau beschrieben wird. Der einzige Nachteil des reinen Leinwandbootes ist das Vorurteil, das ihm vielfach entgegengebracht wird. Der Laie kann sich zunächst nicht vorstellen, daß starke Leinwand eine absolut dichte und ausreichend widerstandsfähige Bootshaut abgibt. Er befürchtet, daß jeder kleine unter Wasser befindliche Ast, jeder Stein, jede Scherbe, jeder irgendwo aus einem Pfosten hervorragende Nagel die Haut aufschlitzen und das Boot sofort zum Sinken bringen müßte. Die Erfahrung widerlegt das aber. Nicht nur die zu Tausenden fabrikmäßig hergestellten Kanadier haben eine Leinwandhaut, die zwar mit Holz unterlegt, selbst aber recht dünn ist; auch Tausende von Faltbooten aus einem sehr leichten Gerippe haben sich auf steinigen Flüssen mit Leinwand- oder Gummihautbezug glänzend bewährt. In Schweden überwiegt der Selbstbau in Leinwand mit und ohne Holzunterplankung. Das alles beweist schon die Güte und Haltbarkeit der Leinwandhaut. Aber auch die Erfahrungen, die unsere deutschen Selbstbauer damit gemacht haben zeigen, daß das Leinwandboot für gewöhnlich nicht mehr gefährdet ist, als ein Boot in anderer Bauweise. Ich habe ein Leinwandsegelkanu mit Schwertkasten jetzt im 12. Jahre in Gebrauch, das eine einzige 2 cm lange Scheuerstelle in der Kimmgegend hat; mein zweites vierjähriges Boot mit Holzbeplankung und Leinwandbezug ist bisher ohne jede Verletzung geblieben. Dagegen traf ich

---

*) Bau eines Zweiers s. S. 75, Schweden- und Klinkerbau s. S. 80 bzw. 86.

auf einer kurzen Ferienfahrt einen Sportskameraden, der sein Zedernholz-Klinkerboot mit einem Zigarrenkistenbrettchen flickte; an einer anderen Stelle erzählte mir der Besitzer eines Klinkerbootes, daß er es gern verkaufen wolle, daß es aber einen langen Riß in einer eichenen Bodenplanke habe; am nächsten Tag lagerte ich neben einem Schülervierer, der noch wohlgemut vom Ufer abstieß, bald aber unter Zeichen des Schreckens dem anderen Ufer zustrebte, wo alles ausstieg und eine umständliche Prozedur mit dem Kahn vornahm. Später erfuhr ich, daß man ihn mit Butter abgedichtet habe, weil er zuviel Wasser gezogen hatte.

Beschädigungen kann jedes Boot erhalten, auch das Leinwandkanu, sie werden jedoch meistens nicht durch seine Bauweise und das Material verursacht. An Vorzügen sind aufzuzählen: es ist leicht zu erbauen, es ist billig, es ist leicht im Gewicht, es ist leicht zu reparieren und es ist dicht. Den letzten Vorzug hat es vor dem reinen Holzboot fast stets voraus; denn Holzboote neigen, wenn nicht gleich, so doch mit der Zeit mit wenigen Ausnahmen dazu, Wasser zu ziehen. Ein Leinwandboot ist leicht völlig dicht zu erhalten; es ist durchaus kein rohes Ei und verträgt eine rauhe Behandlung in mancher Hinsicht eher als das Holzboot. Das moderne Leinwandboot erhält außerdem ein tadelloses Furnierholzdeck aus Zeder oder Mahagoni und steht dann, im Wasser liegend, auch im Aussehen dem Holzboot kaum nach. Von dem früher üblichen Segeltuch- oder Sperrholzdeck ist man abgekommen. Eine glatte Außenhaut, die den Fortgang im Wasser nicht hemmt und einer glatten Holzbeplankung kaum nachsteht, läßt sich durch sachgemäße Herstellung des Anstrichs ebenfalls erzielen. Eine Zusammenstellung des hierfür benötigten Materials erfolgt später, sobald der Leser über Zweck und Verwendung der Bauteile und Baustoffe unterrichtet ist. Der Anschaulichkeit wegen und zum Zwecke des leichteren Vergleichs ist diese Baubeschreibung auf den in Zeichnung beigegebenen Einer-Kajak von 5 m Länge und 70 cm Breite (Klasse A II b des D. K. V., leichtes Wanderboot) bezogen, sie läßt sich selbstverständlich unter Berücksichtigung der veränderten Form und Maße auf jedes ähnliche Boot anwenden.

Die Helling.

Das Leinwandboot wird im Selbstbau kieloben zusammengefügt. Als feste Stütze dient die U-Helling; sie besteht aus einem 5,10 m langen, etwa 10 cm breiten und 1½ cm starken wagerechten Brett, an das 2 gleiche Bretter rechtwinklig angeschraubt sind. Die 3 Bretter bilden einen langen Kasten, der nach unten offen ist. Der Querschnitt ist also ein auf dem Kopf stehendes U. Durch diese Anordnung wird erreicht, daß sich die Helling nicht verziehen und nicht durchbiegen kann. Sie wird über 3—5 einfache Holzböcke, wie sie in jedem Bootshaus für die zu reinigenden Boote benutzt werden, gelegt, mit einer Wasserwage gut wagerecht ausgelotet und dann in der Mitte der Länge nach mit einem Bleistift- oder Tintenstiftstrich versehen. Diesen zeichnet man vor, indem man einen mit Holzkohlen- oder Graphitstaub geschwärzten Bindfaden

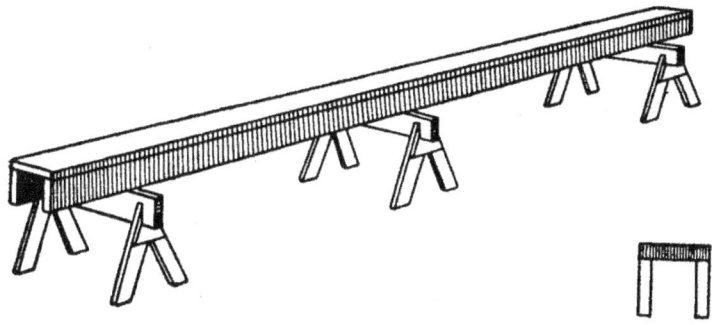

an beiden Enden der Helling genau in der Mitte befestigt und dann gegenschnellen läßt. Von dem wagrechten Hellingbrett ist vorn und hinten ein je 5 cm langes Stück zu entfernen. Beabsichtigt man aber, später ein 6 m-Boot zu bauen, so tut man gut, der Helling von vornherein die dafür notwendige Länge zu geben.

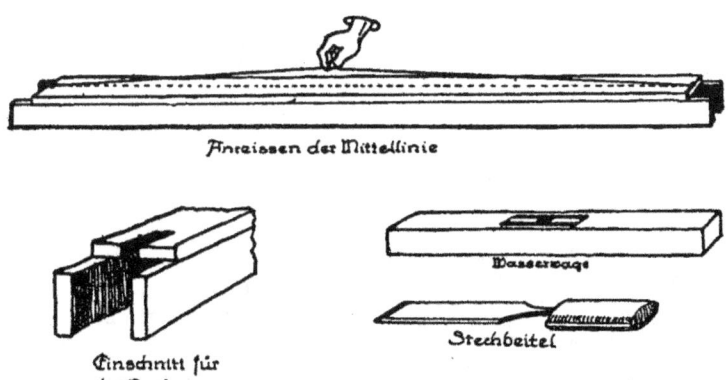

Am Vorderstevenende erhält die Helling einen 4 bis 5 cm langen Einschnitt, in den die Nase des aufzubauenden Vorderstevens genau hineinpaßt. Dann wird die Länge über Alles (5 m) der Mittellinie durch 19 genau im rechten Winkel zur Mittellinie stehende Querstriche in 20 gleiche Teile geteilt. Die 19 Querstriche bedeuten den Abstand der 19 Spantumrisse; er beträgt beim

5 m langen Boot je 25, beim 6 m langen je 30 cm. Auf eine U-Helling kann verzichtet werden, wenn eine etwa 4 cm dicke, 5 m lange Bohle zur Hand ist.

Spanten und Mallen.

Der Spant ist als Bauteil der feste Querverband des Schiffes. Vergleicht man den Kiel mit einem Rückgrat, so bilden die Spanten die Rippen, die dem Schiffskörper, insbesondere der Außenhaut (hier Latten und Leinwand), Form und Halt geben. Es gibt „feste" und „eingebogene" Spanten. Letztere sind dünne Latten, die nach

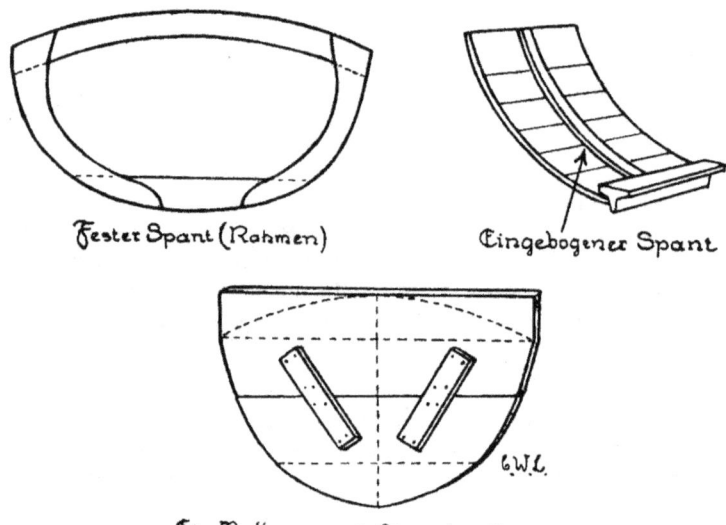

Fester Spant (Rahmen)   Eingebogener Spant

Ein Mall aus zwei Kistenbrettern

Fertigstellung des Gerüstes zur weiteren Erhöhung der Festigkeit eingebogen werden und sich überwiegend der fertigen Form anpassen, während die festen Spanten überwiegend formgebend und formhaltend wirken.

Das Mall ist eine Holzschablone in Form eines Spantumrisses. Diese Spantschablonen werden zunächst wie Spanten aufgestellt. Über sie hinweg wird das Lattengerüst gebaut. Nachdem die Latten mit den einzubauenden festen und eingebogenen Spanten verbunden sind, werden die Mallen wieder entfernt. Sie sind also nur Bauhilfen.

Der Selbstbauer hat zu entscheiden, ob er gleich über die festen Querspanten bauen oder Mallen zu Hilfe nehmen will.

Wo nur ein Boot hergestellt werden soll, würde sich der Bau ohne Mallen empfehlen. Da es aber Erfahrungstatsache ist, daß sich meist schon bei dem ersten Bau eines Bootes ein Interessent für ein zweites Boot einfindet, da ferner der Bau mit Mallen leichter ist als ohne Mallen, erscheint es angebracht, die verhältnismäßig geringe Mehrarbeit, die die Herstellung der Mallen verursacht, nicht zu scheuen. Der Bau eines zweiten Bootes wird ja auch dadurch finanziell erleichtert, daß andere Bauhilfen, wie die Böcke, die Helling, Eisenwinkel und Werkzeug, das besonders angeschafft werden mußte, vorhanden sind.

Wir entschließen uns demnach für den Bau über Mallen und müssen nun neun Spantmodelle herstellen; denn nur für jeden zweiten der gezeichneten Spantenrisse ist ein Mall vorgesehen, sie entsprechen also den Spanten 1, 2, 3, 4, 5, 6, 7, 8, 9. Die zwischen je 2 Spanten in der Entwurfzeichnung (Riß) vorgesehenen weiteren Teilungen werden sinngemäß mit $\frac{1}{2}$, $1\frac{1}{2}$, $2\frac{1}{2}$, $3\frac{1}{2}$, $4\frac{1}{2}$, $5\frac{1}{2}$, $6\frac{1}{2}$, $7\frac{1}{2}$, $8\frac{1}{2}$ und $9\frac{1}{2}$ bezeichnet. Der Nullspant (= größter oder Hauptquerschnitt) fällt in den hier beigegebenen Zeichnungen auf Spantumriß $4\frac{1}{2}$. Die Mallen werden aus etwa $\frac{1}{2}$ zölligen Brettstücken (Kistenmaterial) gefertigt, entweder voll, so daß sie die ganze Spantzeichnung bedecken, oder aus Schenkeln mit Querverbindung. Aus vollem Holz lassen sie sich leichter herstellen, die Mehrkosten sind unwesentlich. In jedem Falle sind die Verbindungsstücke auf einer Brettseite anzubringen, damit auf der anderen Seite eine ebene Fläche zum Auflegen der Zeichnung gewahrt bleibt. Die Spantzeichnung ist nun von dem gekauften Spantenriß, der in natürlicher Größe geliefert wird, auf die Mallbretter zu übertragen. Zunächst zieht man auf dem Spantenriß in Höhe der Deckslinie am Vordersteven eine Parallele zu der Konstruktionswasserlinie. Sämtliche Spantschablonen (Mallen) werden bis zu dieser wagerechten Linie verlängert, so daß nachher, wenn sie umgekehrt auf der Helling stehen, die Konstruktionswasserlinie in einer wagerechten Ebene liegt. Nun wird jede Spanthälfte auf ein Stück Pauspapier durchgezeichnet. Wenn der Spantenriß die äußeren Linien des Bootsrumpfes angibt, so muß hiervon die Stärke der Längslatten (Sentlatten, Senten), die für den Bau verwendet werden, abgenommen werden. Hierüber muß der Konstrukteur die erforderlichen Angaben machen. Für Selbstbauzwecke wird man natürlich die Zeichnung so liefern, daß die Senten oder die Planken auf die Spantumrißlinien aufgelegt werden können. Gegebenenfalls zeichnet man also in jede Pause mit dem Zirkel in 5 mm Abstand von der Spantkurve eine innere Parallele ein, indem man mit der Zirkelspitze auf der Kurve entlang fährt und den Bleistiftschenkel in 5 mm Abstand daneben entlang führt. Unter Hinzurechnung der zweiten Spanthälfte werden jetzt 2—3 Mallenbretter in der voraussichtlichen Größe des künftigen Malls mit Leisten zusammengefügt. Die Übertragung der Pause auf die Bretter geschieht mit einem Schneiderrädchen, durch Ausschneiden und Nachziehen der Pause oder in sonst geeigneter Weise, nachdem auf dem Brett zuvor die Mittellinie der beiden Hälften eingezeichnet ist. Die C.W.L. und die Seitenhöhe (Dollbord-Oberkante) des Spantrisses ist mit zu übertragen, die Spantkurve nur mit der inneren Parallelen. In dieser Form werden die Mallen mit der

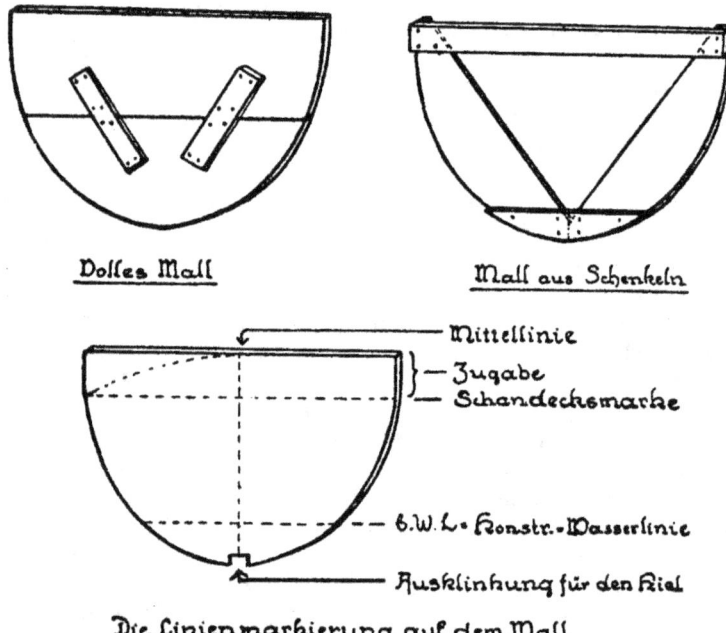

Stich- oder Lochsäge oder von einem Tischler mit der Bandsäge ausgesägt. An der Unterkante der vorläufig noch aufrecht stehenden Mallen ist ein rechteckiges Stückchen für den einzulegenden Innenkiel auszuklinken, aber nur soweit, daß von dem Kielbalken noch 5 mm darüber aus dem Einschnitt hervorragen, d. i. die Stärke der seitwärts sich anreihenden Längslatten (Senten). Das fertige Mall würde der beigefügten Skizze entsprechen. Die punktierten Linien sind eine Wagerechte zur Verbindung der Dollbord-Oberkantenpunkte, die C.W.L. und die senkrechte Mittellinie. Diese Linien müssen auf jedem Mall vorhanden sein. Ist das Mall aus Ersparnis-

gründen aus vier Brettstücken zusammengesetzt, was bei den
größeren der Fall sein wird, so müssen die Linien auf dem Rahmen
ebenfalls markiert sein.

Es ist nun leicht, nach diesen Mallen die Querspanten herzustellen. Auch die zuvor gefertigten Papierschablonen leisten hierbei
gute Dienste. Die festen Spanten, die wir bauen, sind Eichenholzrahmen von 20—25 mm Breite (je nach der Güte des Materials)
und 10 mm Stärke. Zu den V-förmigen Spanten wählt man 3, zu
den U-förmigen Spanten 4 längsgefaserte Rahmenleisten, die mit
den Enden überlappt sind oder kleine Überlappungsstücke tragen.
Die Spanten des offenen Sitzraums, des Kockpits, bleiben natürlich
oben offen. Sie erhalten zur Abstützung des Seitendecks neben dem
Kockpit Decksknie. Bei dem Zusammennageln oder Zusammen-

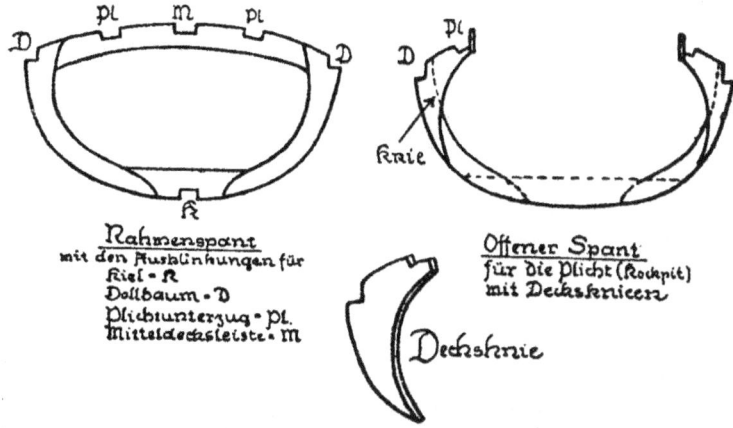

Rahmenspant
mit den Ausblinhungen für
Kiel = K
Dollbaum = D
Plichtunterzug = Pl
Mitteldecksleiste = m

Offener Spant
für die Plicht (Kockpit)
mit Decksknieen

Decksknie

schrauben der Rahmenleisten zu Spanten ist zu beachten, daß sie
später am Fußende einen Ausschnitt für den Innenkiel und an den
beiden Ecken einen Ausschnitt für den Dollbaumverstärker erhalten.
Diese Ausschnitte für den Dollbaumverstärker sind 20 mm breit
und 15 mm tief. Endlich erhalten sie in der Mitte der oberen
Rahmenleiste, im Decksbalken, einen Ausschnitt für die Mitteldecksleiste. Ob die Ausschnitte gleich oder später auszuklinken
sind, wird noch erörtert werden. Wenn das Boot ohne Mallen nur
über feste Querspanten gebaut werden soll, müssen die Spantrahmen
in ihrem oberen Teil bis zur Höhe des Einlaufs der Dollbordlinie in
den Vordersteven durch rechteckige Bretter überhöht werden, die
genau parallel zur C.W.L. laufen und diese bei Befestigung der
Spanten auf der Helling, was also kieloben erfolgt, in die gleiche
wagerechte Ebene bringen müssen.

Es ist vielleicht hier angebracht, den Selbstbauer darauf aufmerksam zu machen, daß Schrauben in Eichen- oder anderes hartes Holz (Esche, Buchen) immer mit einer gewissen Vorsicht einzuziehen sind. Die Schraubenlöcher müssen mit einer Handbohrmaschine oder einem Drillbohrer vorgebohrt werden. Der zu benutzende Bohrer ist etwas schwächer als die Schraube zu wählen. Für den angestauchten Kopf der Schraube ist mit einem stärkeren Bohrer eine Vertiefung aufzureiben. Das Vorbohren lohnt sich auch bei Kiefern-, Fichten- und Tannenholz, nur ist dann der Bohrer noch schwächer zu wählen als beim Vorbohren in Hartholz. Das Einziehen der Schrauben in Hartholz muß ferner langsam und ohne größeren Kraftaufwand geschehen, da sonst die Schraube leicht abbricht. Beim Durchnageln schmaler Latten, besonders an den Enden, sind auch für die Nägel Löcher vorzubohren, damit das Holz nicht aufspaltet.

Die Mallen des Vorderschiffes werden, vom Vordersteven aus gesehen, hinter den Spantstrichen, die Mallen des Hinterschiffs

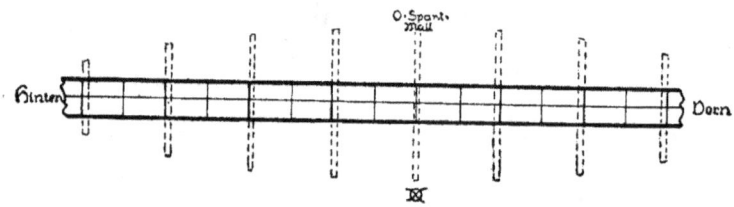

vor den Spantstrichen auf der Helling befestigt. Das Mall soll stets auf einer Seite vollkommen eben sein; also kann es mit dieser Seite an den Spantstrich herangerückt werden. Das Nullspant-Mall ist auf Mitte Spantstrich zu stellen; an die gleiche Stelle kommt später der Spant. Die Mallen werden auf der Helling mit kleinen Eisenwinkeln (fertig kaufen!) festgeschraubt, deren wagerechte Schenkel nach der Bootsmitte zeigen. Sie können nun an ihren äußeren Schenkeln auf dem Fußboden durch angenagelte Latten abgestützt werden. Die Helling und die C.W.L. an den Spantmallen ist mit der Wasserwage, die senkrechte Mittellinie der Mallen mit dem Lot nachzuprüfen.

Vorder- und Achtersteven. Kiel.

Vorder- und Achtersteven werden auf ein $2\frac{1}{2}$—3 cm starkes Eichenbrett aufgezeichnet und ausgesägt; die C.W.L. ist mit anzuzeichnen. Die Holzmaser muß schräg, nicht senkrecht oder wagerecht durch die Steven laufen. Sie erhalten etwa 4 cm von der Außenkante eine 2 mm tiefe Sponung, die nach der Innenkante zu sanft ausläuft und später zum Eindrücken des Leinwandbezuges dient. Am wagerechten Teil (Unterkante) des Vorder- und des Hinterstevens müssen Einschnitte für die beiden Kiele in der aus der Skizze ersichtlichen Weise ausgeklinkt werden. Der Außenkiel muß stets soweit über den Innenkiel hinweggreifen, daß er in seinem Einschnitt mit zwei Schrauben ordnungsmäßig befestigt werden kann. Man unterscheidet nämlich den Innenkiel, der jetzt aufgelegt wird, und den Außenkiel, der nach dem Beziehen des Bootes mit Leinwand von außen gegen den Innenkiel geschraubt wird. Vorder- und Hintersteven müssen durch eine Hilfsbefestigung in der richtigen

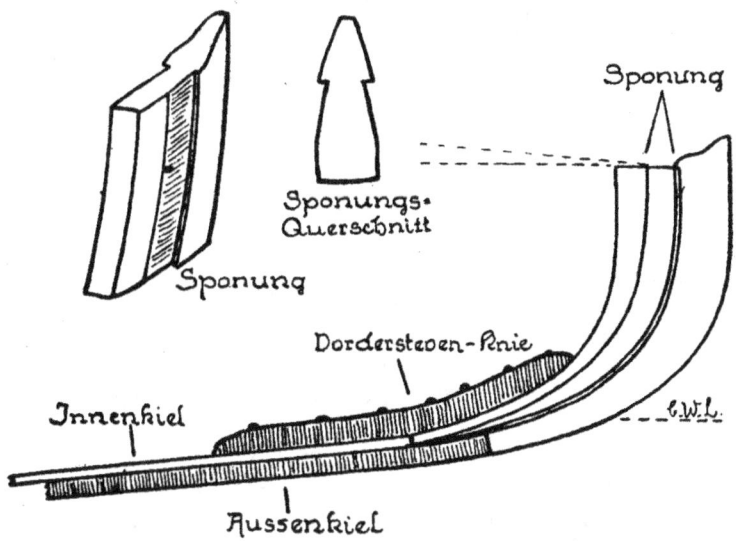

Lage festgehalten werden. Ihre genau senkrechte Lage ist wieder durch Loten nachzuprüfen. Als Unterlage für die Nase des Hinterstevens, die nicht bis zur Helling herabreicht, dient ein ausgeklinkter Klotz. Der Vordersteven wird mit der obersten Spitze in den dafür bestimmten Ausschnitt der Helling gedrückt bis zu dem Punkt, an dem nachher die Deckskante, die Schandecklinie, einläuft.

Gleichzeitig mit dem Steven ist der Innenkiel (vgl. Materialtabelle) in die Aussparungen der Mallen bzw. Querspanten gelegt worden. Der Innenkiel wird nun vorn durch eine Lasche und hinten durch ein Knie mit den Steven verschraubt.

Die richtige und feste Aufstellung der Steven und die dauernde Nachprüfung ihrer Stellung ist außerordentlich wichtig, weil durch den Zug und Druck der später aufzubringenden Längslatten (Sentlatten) die Steven leicht die sekrechte Stellung verlieren können. Das würde einen nicht wieder gut zu machenden Fehler ergeben; denn abgesehen von dem schlechten Aussehen, läuft ein Boot mit schiefem Steven nicht geradeaus, sondern im Bogen.

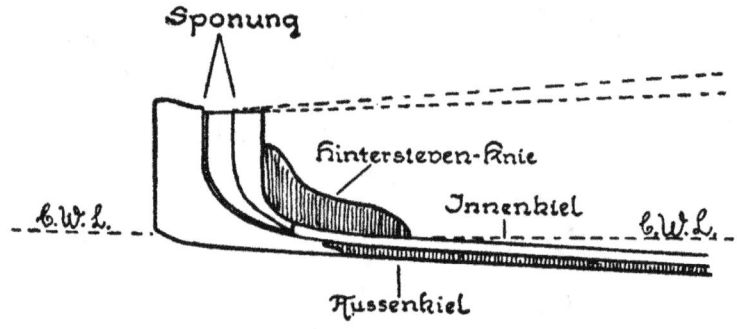

Hintersteven

Die Hilfsbefestigung der Steven an der Helling muß so sein, daß die Anbringung der Sentlatten nicht behindert wird und daß sie nach Anbringung der Sentlatten leicht wieder abgenommen werden kann. Es sei deshalb hier folgende Art der Befestigung empfohlen. Von der U-Helling, die etwa 5 cm über die Stevenkante hinaus-

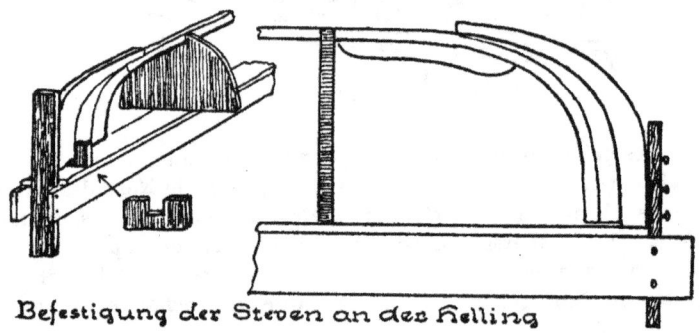

Befestigung der Steven an der Helling

ragt, ist das wagerechte Brettstück bis zur Stevenkante abzunehmen. Alsdann ist ein aufrecht stehendes Brettstück von der Breite des Zwischenraumes der freiliegenden U-Schenkel zwischen diesen so zu befestigen, daß die Außenkante des Stevens genau dagegen anliegt. Der Winkel, in dem dieses Brett zur Hellingebene geneigt ist, muß von den Enden aus gesehen derselbe sein, in der die Stevenaußenkante zur C.W.L. liegt. In unserem Falle ein rechter Winkel, weil Vorder- und Hinterstevenkanten genau senkrecht stehen. Der Hintersteven erhält dabei wieder seinen ausgeklinkten Klotz als Unterlage und der Vordersteven steckt mit der Nase in der Ausklinkung der Helling.

Gegen dieses Brettstück werden die Steven mit dünnen Schrauben, die zwecks späterer Entfernung nicht ganz einzuziehen sind, verschraubt. Auch die Hilfsbretter müssen eine Mittellinie tragen, damit ihre und damit die Stellung der Steven dauernd kontrolliert werden kann. Die Verbindungsknie zwischen Steven und Innenkiel müssen nach dem Kurvenverlauf geformt werden. Hierzu fertigt man sich am besten eine Pappschablone während des Anpassens der Teile und überträgt deren Kurve auf das Laschenstück (Knie).

Mit dem Aufstellen der Mallen und Steven und mit der Verbindung der Steven mit dem Kiel ist der erste Bauabschnitt beendet, die Form ist fertig.

Die Sentlatten (Senten).

Die senkrechte Stellung der Steven und der Mallenmittellinien ist nochmals mit dem Lot kontrolliert. Der Innenkiel ist mit nur halb eingeschlagenen Nägeln, die sich später leicht herausziehen lassen, in den Ausklinkungen der Mallen befestigt.

Es beginnt nun das Aufbringen der Sentlatten. Vom Kiel anfangend sind abwechselnd auf jeder Seite nach unten zu je 6 schmale Latten, die 2 cm breit und $\frac{1}{2}$ cm stark sind, und je eine doppelt so breite Latte von Steven zu Steven über die Mallen zu biegen. Die unterste breite Latte — wir bauen kieloben — ist die Dollbaumsente, deren — auf der Helling! — untere Kante mit der an den Steven und Mallen angezeichneten Schandeckmarke verläuft. Von den 6 schmalen und den 2 breiten Sentlatten (beim Einer genügt eine breite Latte) wird nun als erste die Dollbaumsente befestigt. Man biegt sie über die Mallen und schneidet ihre Enden so zu, daß sie etwa 2 cm von der äußeren Sponungslinie der Steven entfernt bleiben; dann schärft man die Enden mit einem Messer oder einem Hobel an der Innenseite so an, daß sich der Dollbaum glatt an die Steven schmiegt und befestigt ihn dort behelfsmäßig mit je 3 Nägeln. An die Mallen wird er mit je 2 Nägeln, die wieder nicht ganz einzuschlagen sind, geheftet. Die Außenflächenkurve der Senten muß in die tiefste Stelle der Sponung weisen.

Etwa in 5—8 cm Abstand vom Dollbaum, nach den Steven zu etwas näher heran, in der Mitte etwas mehr entfernt, also immer der Gesamtentfernung zwischen Dollbaum und Kiel angepaßt, wird nun die erste schmale Sentlatte in derselben Weise aufgebracht. Zur leichteren Ermittlung ihrer Lage werden auf den Mallenaußenkanten zwischen Kiel und Innenkante der breiten Sentlatte sieben gleiche Teile markiert. Die Teilstriche bilden aber nur einen ungefähren Anhalt; denn man verteilt die Sentlatten so, daß sie an der Kimm, d. i. die stärkste Krümmung der mittleren Mallen, etwas dichter beieinander und an den flacheren Stellen des Rumpfes etwas mehr voneinander entfernt liegen. Für die schmalen Latten genügt ein Heftnagel auf jeder Malle.

Die gleichmäßige Anbringung der Dollbaumsenten auf jeder Schiffsseite ist durch die Schandeckmarken gewährleistet. Die gleichmäßige Lage der übrigen Sentlatten auf beiden Bootsseiten wird dadurch erreicht, daß man bei der zweiten Latte und vielleicht auch noch bei den vier folgenden die richtige Höhe der entsprechen-

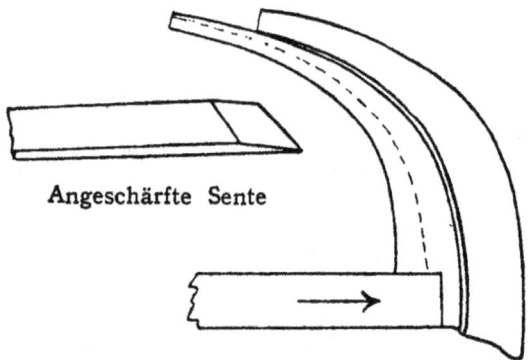

Angeschärfte Sente

den Latte auf der Gegenseite mit der Wasserwage feststellt, im übrigen aber durch Visieren vom Vorder- und Hintersteven aus grobe Ungleichheiten ausmerzt. Eine peinlich genau übereinstimmende Lage der beiderseitigen Sentlatten ist nicht nötig; sie wäre auch infolge der verschiedenen Struktur der Holzfaserung der einzelnen Latten schwer zu erreichen. Der Tuchüberzug verdeckt diese belanglosen Schönheitsfehler liebevoll. Je näher die Latten dem Kiel liegen, um so stärker ist die Drehung, die sie nach den Steven zu erfahren müssen. Spröde Latten befeuchtet man, um allzu leichtes Brechen oder Spalten zu verhüten, vorsichtshalber mit heißem Wasser oder tränkt sie mit Firnis.

Es werden nun die zu den Mallen gehörenden 9 festen Spanten im Vorderschiff vor, im Hinterschiff hinter den Mallen an die Spantstriche auf der Helling in das Lattengerüst geschoben, die nach den Steven gerichtete Spantenkante der Sentenschmiege — der sich verengende Bogen der Senten heißt „Schmiege" — entsprechend abgeschrägt (Raspel, Feile) und die Latten von außen dagegen geschraubt. In der gleichen Weise werden die übrigen 10 festen Spanten über den Spantstrichen mit den Sentlatten verschraubt. Auch der Kiel wird mit den Spanten verbunden. Nur die breite, unterste (später oberste) Sentlatte (die Dollbaumsente) bleibt noch lose mit den Steven und den Mallen verbunden. (Für die Versteifung des Einsitzers genügen als feste Spanten die Nummern 1, 2, 3, 4½ (= O-Spant), 6, 7, 8 und 9; beim Zweisitzer sind wenigstens im Bereiche des Kockpits sämtliche in der Zeichnung angegebenen Spantumrisse als feste Spanten einzubauen.

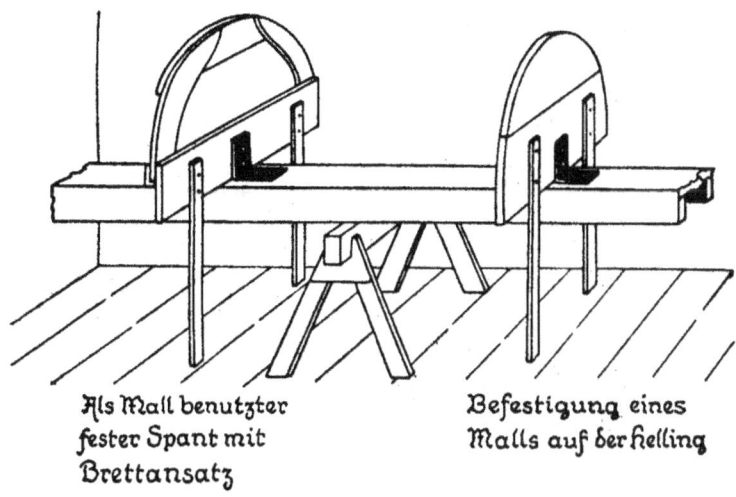

Als Mall benutzter fester Spant mit Brettansatz

Befestigung eines Malls auf der Helling

Dollbaum, Unterzüge und Reeling.

Jetzt wird das in sich schon ziemlich feste Bootsgerippe, nachdem die Steven von ihren Hilfsbefestigungen gelöst sind, von den Mallen genommen und umgedreht. Ein besonders stark beanspruchter Bauteil ist neben Kiel und Steven der Dollbaum. Er muß nicht nur seitlichen Druck oder Stoß abfangen, sondern auch als Auflage für das Deck, als Befestigungsunterlage für die Leinwandhaut und für die Scheuerleiste dienen. Aus diesem Grunde muß die dünne Dollbaumsente durch den Hilfsdollbaum, eine Vierkantlatte 20 : 20 mm, verstärkt werden. Der Hilfsdollbaum ist zu diesem Zwecke so einzulegen und mit der Dollbaumsente so zu vereinigen, daß der Baum etwa 3 mm über die Sentenoberkante ragt. Die Rahmenspanten erhalten an den Ecken Ausklinkungen in Größe von 17 (tief) : 20 (breit) mm. Wo die beiden Dollbaumverstärker (Hilfsdollbaum) am Bug und am Heck auf die Steven treffen, müssen sie passend angeschärft werden. Ist der Dollbaum wieder in seiner alten Lage, so wird er endgültig befestigt. Wer will, kann jetzt schon das Gerippe innen mit Firnis streichen. Der 3 mm überstehende Teil des Dollbaumverstärkers wird nun nach der Bordkante zu schräg abgehobelt oder abgeraspelt, so daß er sich der gekrümmten Linie der Decksbalken anpaßt und das Deck später eine gute und glatte Auflage findet. Danach wird die Mitteldecksleiste, die von den Kockpitenden nach den Steven führt, in die Balkenweger eingeklinkt (30 ; 15 mm [flach]). Da die Ausklinkungen für den Dollbaumverstärker (Hilfsdollbaum) und für die Mitteldecksleiste an den bereits eingebauten Spanten schwieriger auszuführen sind als vor ihrem Einbau, empfiehlt es sich, diese

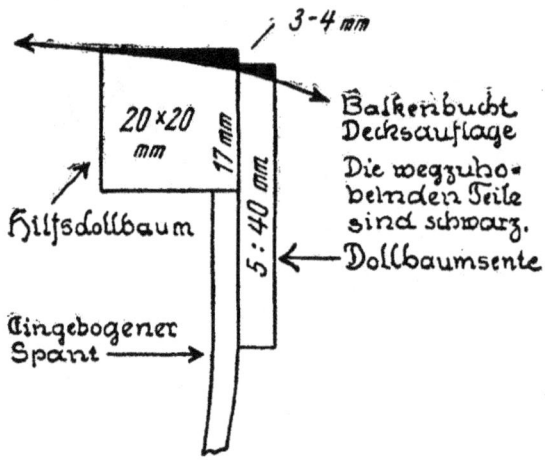

Arbeit schon bei dem Zusammensetzen der Spanten vorzunehmen. Der Einbau wird dadurch allerdings erschwert, weil dann zwei wichtige Anhaltspunkte für ihre richtige Lage, die Schandecksmarken nämlich, fehlen. Sobald Dollbaum und Hilfsdollbaum endgültig befestigt sind, am besten noch vor dem Einsetzen der Mitteldecksleiste, erfolgt eine weitere Verstärkung des ganzen Gestells durch Einziehen der eingebogenen Spanten. Sie verbinden die Sentlatten in der Mitte des freien, von Spant zu Spant reichenden Raums. Wir wählen dazu flache eichene Leisten (4×10 mm), die vor dem Einsetzen in die ungefähre Spantform zu bringen sind, weil sie sonst brechen würden oder aber infolge ihrer Störrigkeit die Lage der Senten verändern und das Gerippe bucklig machen würden. Hierzu richten wir uns ein Brettstück in der Größe der Spantenrißzeichnung her und übertragen darauf die halbseitigen

Kurven der neun Mallenspanten. Der Kurvenlinie folgend, werden in geringen Abständen feste Nägel eingeschlagen, jedoch nicht ganz, sondern so, daß sie mit den Köpfen 2 cm über die Brettoberseite herausragen. Nun sind die eichenen Leisten für die einzubiegenden Spanten, die halbseitig sind, also vom Kiel bis unter den Dollbaumverstärker reichen, in passende Längen zu schneiden. Die Stücke kommen in eine Blechwanne mit heißem Wasser; sie können ruhig einige Zeit darin kochen. Um das Wasser kochend, oder wenigstens heiß zu erhalten, stellt man die Wanne auf einen eisernen Ofen oder auf die Kochmaschine (den Küchenherd). Nach einem eineinhalbstündigen Aufenthalt in diesem heißen Bade werden die Leisten weich genug sein, um sich leicht biegen zu lassen. Man

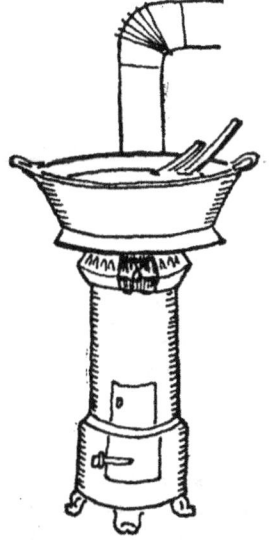

Die Spanten werden in heissem Wasser weich gemacht, gebogen und in der Nagelform getrocknet.

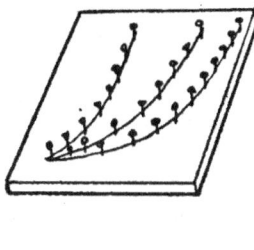

muß das ausprobieren. Je vier von den einzubiegenden halbseitigen Spanten werden nun an die Nagelreihe der Spantkurve gelegt, die dem festen Spant entspricht, neben dem sie nachher im Boot befestigt werden sollen. Damit sie sich nicht gerade recken können, wird eine zweite Nagelreihe dagegen gesetzt. In der Nagelform läßt man die Spantstücke gut trocknen, sie behalten dann aus ihrem Zwangsbrett herausgenommen annähernd die gewünschte Form. Die Spantstücke legt man etwas mehr gekrümmt auf, als es für die Befestigungsstelle in der Nähe der Spanten nötig ist, denn sie federn nach dem Trocknen doch noch ein gutes Stück zurück. Die halbseitigen eingebogenen Spanten werden nun mit den Sentlatten verbunden, indem an den Kreuzungsstellen Kupfer- oder

Messingnägel von außen durchgeschlagen werden. Die Löcher hierzu bohrt man vor. Die in das Bootsinnere ragenden Nagelspitzen werden in der Richtung der Holzfaser der Spanten umgeschlagen, d. i. nach oben oder nach unten, keinesfalls quer, also längsschiffs, weil sie sich sonst nicht in das Holz einlegen und leichter aufbiegen. Beim Umschlagen wird gegen den Nagelkopf ein Vorschlaghammer, d. i. ein dickköpfiger, schwerer Hammer, gehalten. Wer saubere Arbeit liebt, nietet die Spanten gegen die Sentlatten. Dazu werden vierkantige Kupfernägel mit Nietscheiben verwandt (Länge 12 mm). Nachdem die Kupfernägel durch das Holz geschlagen sind (vorbohren!), werden über die Nagelspitzen die Nietscheiben mit einem Nietenzieher gestaucht, indem gegen den Kopf des Nagels der Vorschlaghammer gelegt wird. Die Nagelspitze wird dann bis auf 2 mm mit einer Hebelzange abgekniffen und zu einem Kopf breit geschlagen. Noch besser als diese Niete

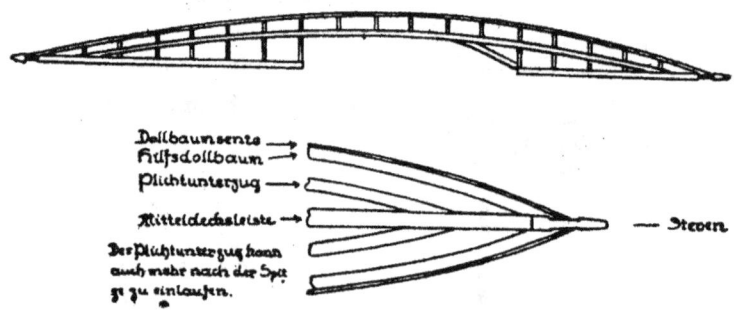

sind die gewöhnlichen Kupfer- oder Messingniete. Sie lassen sich aber schwerer verarbeiten; denn für ihre halbrunden Köpfe müssen die vorgebohrten Löcher in den Sentlatten etwas aufgerieben werden, sonst markieren sich die Köpfe später unter dem Leinwandbezug. Zum Nieten ist unbedingt eine Hilfskraft nötig. Um Spant und Sentlatten beim Vorbohren fest gegeneinander zu halten, benutzt man den Schraubenschlüssel. Der Vorgang des Nietens ist auf S. 81 bildlich dargestellt.

Eine weitere Decksversteifung ist der Plichtunterzug, eine Vierkantleiste von 20 : 20 mm, die im Zuge des seitlichen Kockpit-(Plicht-) Längsrandes verläuft und nahe dem Bug und Heck an die Mitteldeckleiste heranläuft, wo sie befestigt wird. Die oberen Rahmenteile der festen Querspanten (Decksbalken) müssen also wieder entsprechende Einschnitte (Ausklinkungen) erhalten; die sich aber diesmal nur an den schon eingebauten Decksbalken und -knien vornehmen lassen, weil die Kurve, in der der Unterzug verläuft, vorher nicht genau festzustellen ist.

Nun gilt es, den Kockpitrand (Plichtrand, Reeling) einzubiegen. Das hintere Abschlußstück des Plichtrandes findet seinen Halt an dem Decksbogen eines Rahmenspantes. Die beiden Seitenbretter werden an dem Plichtunterzug befestigt. Für den Übergangsbogen der Reelingleiste nach vorn zur Decksmitte muß eine besondere Führung eingebaut werden. Hierzu nehmen wir beiderseitig ein 25 mm dickes, etwa 15 cm breites Brettstück, das an der einen Seite in dem Kurvenverlauf des Plichtrandes ausgeschnitten ist. Die eigentliche Plichtrandleiste (8 mm Eiche) verläßt den Plichtunterzug (20 : 20 mm Kiefer) in fast senkrechter Stellung und liegt nach der Spitze zu immer schräger. Es muß daher der

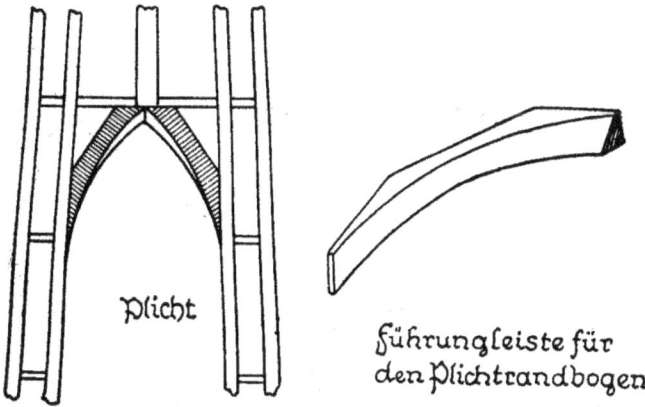

Plicht

Führungleiste für den Plichtrandbogen

nach innen ausgeschnittenen Kante des Führungsbrettes eine gleiche Neigung gegeben werden, was zwar nicht ganz aber doch annähernd gelingen wird. Die Oberseite des Brettstücks ist mit dem Hobel oder mit der Raspel der Deckswölbung anzupassen. Es muß deshalb so eingepaßt sein, daß seine Unterkante mit der der Plichtrandleiste abschneidet. Das Brettstück wird am ersten vollen Rahmenspant und an den Knien des nächsten offenen Spants befestigt.

Wir wenden uns nun dem Plichtrand (der Reeling) zu. Zur Klarstellung sei noch einmal gesagt, daß der offene Teil des Bootes, in dem der Fahrer sitzt, Kockpit oder Plicht, der aufrechtstehende Rand, der das Kockpit umgibt, die Reeling oder der Plichtrand heißt. Die Reeling steht hinten 5, vorn 10 cm über dem Deck hervor. Ihr unterer Rand liegt etwa 5 cm unter der Decksoberkante. Ehe die dafür bestimmte 8 mm starke eichene Leiste zugeschnitten wird, fertigt man ein ungefähres Pappmodell zur Reeling an, nagelt es mit kleinen Drahtstiften behelfsmäßig fest und schneidet es möglichst genau zurecht. Der die Spitze bildende Stoß der beiderseitigen Reelinglatten an der Innenseite wird durch eine mindestens ¾ Zoll (20 mm) starke schmale Leiste (meist Mahagoniholz) verdeckt, die der Spitze auch den Halt gibt. Nach dem Heck zu kann die Seitenreeling, des besseren Linienabschlusses wegen, mit einer kleinen Nase auf das noch anzubringende Deck übergreifen. Die Reeling wird nun in Abständen von etwa 15 cm (vorn enger!) festgeschraubt und erhält hinten die Querverbindung.

Am besten verbindet man die beiden Vorderkanten der Reelingsleisten zunächst mit Hilfe von Schraubzwingen und feinen, aber festen Schnüren, die man durch vorgebohrte kleine Löcher zieht, nachdem man sich durch mehrfaches Anpassen vom guten Sitz der Spitze überzeugt hat. Hierbei sind 2 Helfer sehr erwünscht.

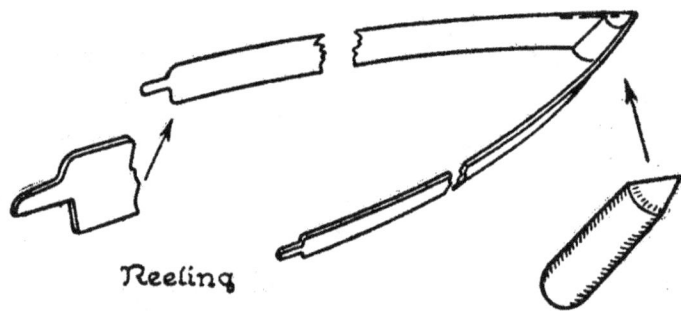

Reeling

Die Biegsamkeit der immerhin recht störrigen Eichenleiste kann man durch Kochen der Spitzenenden wesentlich erhöhen. Man muß sie aber nach dem endgültigen Anpassen vor dem Festschrauben erst wieder gut trocknen lassen.

Luken, Mastlöcher, Bodenbretter.

Wer sein Boot nur für kürzere Fahrten mit geringem Gepäck benutzen will, kann von dem Einbau von Decksluken absehen. Das Deck behält dann sein schönes, glattes Aussehen und überkommende Wellen, die gewöhnlich trotz des Lukendeckels etwas Wasser in das Boot spülen, können uns nichts anhaben. Weil die Vorderdeckluke besonders leicht Wasser übernimmt, beschränkt man sich oft auf eine Luke im Hinterdeck. Wenn die Luken fehlen, lassen sich die Sachen erheblich schwerer verstauen; man bekommt jedoch auch vom Kockpit aus eine ganze Menge ins Boot hinein. Der Einerfahrer wird selbst in recht kleinen Booten kaum über

Mangel an Stauraum zu klagen haben und durch das Fehlenlassen der Luken ein ganz Teil Arbeit sparen können. Wer dagegen auf längeren Fahrten Bequemlichkeit liebt und viel Gepäck mitnehmen will, was im Zweier bei den Sonderwünschen der Damen besonders oft der Fall ist, der verschafft sich durch den Einbau von je einer Luke in das Vorder- und in das Hinterschiff eine dauernde Annehmlichkeit. Sie erfüllen aber auch dann nur ihren

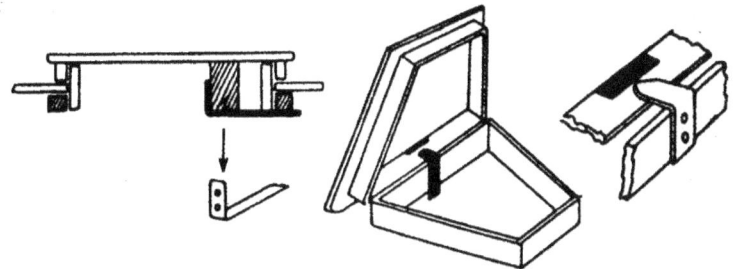

Lukendeckelklammern

Zweck, wenn sie nicht zu dicht am Kokpitausschnitt, sondern von diesem wie von den Steven angemessen entfernt sind. Sie haben auch den Vorteil, daß man bei etwaigen Reparaturen besser an das Bootsinnere herankommen kann. Zum Einbauen der Luken ist zwischen je zwei festen Spanten ein Stück der Mitteldeckleiste zu entfernen. Den Halt hierfür übernehmen zwei in die Decksbalken einzuklinkende Leistenstücke (20 : 20 mm) für die Seitenränder der Luken. Dann wird ein innerer Rahmen — aus Deckholz — eingepaßt, der etwa 2 cm über das Deck hinausragt und dessen vorderer und hinterer Rand die Wölbung des Decks mitmacht. Den Deckel bauen wir später, sobald das Boot gedeckt ist. Sein Rand greift über den Lukenrand. Damit er nicht herausspringen kann, erhält er an der Innenseite des Deckels ein Klötzchen mit zwei Winkelstückchen von Messing, die in zwei Öffnungen des hinteren Lukenrandes oder unter diesen greifen. Vorn wird der Deckel mit einem Dreikantschloß an die Luke geschlossen. Diese wie alle anderen hier noch aufzuführenden Beschläge gibt es fertig zu kaufen (siehe Inserate). Die Art ihrer Anbringung ergibt sich aus ihrer Form. Sie werden maschinell hergestellt und sind so billig, daß sich die Selbstanfertigung nicht lohnt. Stellt sich heraus, daß die Vorderluke bei Wellengang leicht Wasser übernimmt, so kann man den Deckel durch Bolzen mit Flügelschrauben gegen den Lukenrand pressen, der eine Auflage aus Gummistreifen erhält.

Wo die Masten durch das Deck geführt werden, sind Mastlöcher anzubringen. Auch hier ist die Mitteldeckleiste zu entfernen und durch ein 15—20 mm starkes Brettstück zu ersetzen, das mit einem kreisrunden Loch von 5 cm Durchmesser zu versehen ist. Wir wählen ein rundes Mastloch und einen runden Mast, damit letzterer sich unbehindert drehen und der Segelstellung folgen kann. Dem Mastloch gegenüber ist an dem Kiel die Mastspur anzubringen. Diese ist ein ähnliches Brettstück, nur etwas schmaler und kürzer, das sich am besten aus 2 gekreuzten Lagen

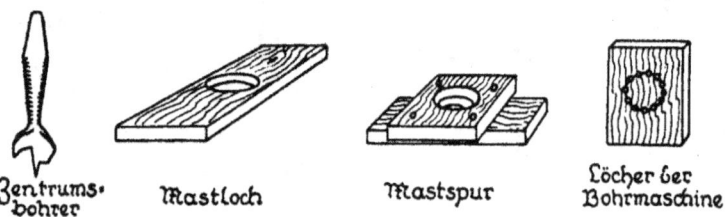

Zentrumsbohrer   Mastloch   Mastspur   Löcher der Bohrmaschine

von je 10 mm Stärke zusammensetzt. Sie wird mit Schrauben befestigt, die von unten durch die Kiellatte geschraubt sind. Die runden Löcher bohrt man mit dem Zentrumsbohrer aus und raspelt das so entstandene kleine Loch bis zur gewünschten Größe nach. Oder man zeichnet den Lochumfang vor und bohrt um die Innenseite herum kleine Löcher mit der Bohrmaschine, die man durch einen Laubsägenschnitt verbindet. Dann sind die Unebenheiten des inneren Randes mit der Raspel auszugleichen. Die Mastlöcher dürfen nicht zu eng sein, damit der bei Regen etwas aufquellende Mast noch hindurchgeht, auch nicht zu weit, weil sonst der Mast ohne Segel bei jeder Bewegung des Fahrers hin- und her klappt.

Von wasserdichten Schotten, d. i. die Abteilung des unter dem festen Deck befindlichen Vor- und Achterschiffes durch wasserdichte Querwände, sieht man am besten ganz ab. Ihre Anbringung ist beim Leinwandbau schwierig; auch halten sie auf die Dauer selten dicht. Ein vollgeschlagener Leinwandkajak sinkt des eingebauten Holzgerippes wegen gewöhnlich nicht ganz. Er schwimmt wie jedes ballastlose Holzboot mit dem Deck in der Höhe der Wasseroberfläche, so daß die Reeling herausragt. Liegt das gekenterte Boot kieloben, so hat sich meist Luft unter dem Deck verfangen, und das Boot ragt noch weiter aus dem Wasser hervor. Das vollgeschlagene Boot gibt dem Gekenterten, der nebenher schwimmt, sofern er nur die Hand auflegt, einen gewissen Halt. Man soll nach dem Kentern möglichst gleich wieder das Boot zu erfassen und mit ihm schwimmend das Ufer zu erreichen suchen, damit man, wenn die Kräfte einmal versagen, was durch die Aufregung und durch Herzstörungen auch einem sonst kräftigen Menschen passieren kann, gleich wieder Halt hat. Auch verkrautete Stellen und Strudel lassen sich so leichter überwinden. Ein sicherer Auftrieb des gekenterten Bootes ist jedoch recht wünschenswert; man erreicht ihn, indem man in den beiden Spitzen unter Deck leere Lack- und Farbkannen aus Blech, sogenannte Kanister, unterbringt, die gut verkorkt sein müssen und als Rostschutz einen Ölfarbenanstrich tragen. Es ist auch eine alte Erfahrung, daß beim Kentern eines Bootes die Gegenstände, die unter Deck liegen, selten verlorengehen, weil sie von dem eindringenden Wasser nach den Bootsenden zu gedrückt werden. Um aber die Verlustmöglichkeit noch weiter einzuschränken und um weiter Gegenstände einem unbefugten Einblick oder Eingriff zu entziehen, schließt man das Hinterschiff durch eine Klappe ab, zu deren Herstellung man den Spant am hinteren Ende des Kockpits benutzt. Die Klappe hat an der Hinterseite unten zwei Holznasen, die

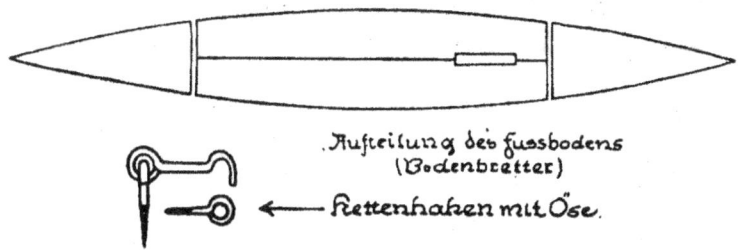

Aufteilung des fussbodens (Bodenbretter)

← Rettenhaken mit Öse.

hinter den Rand des Spantrahmens greifen, vorn oben wird sie durch einen etwas klemmenden Holzriegel in ihrer Lage gehalten. Der Spant ist schon vor dem Einbau mit der Klappe zu versehen. Die obere Kante der unteren wagerechten Rahmenleiste muß höher liegen als die der anderen Spanten, die als Bodenwrangen dienen.

Bodenwrangen sind die wagerechten, quer zum Kiel liegenden Holzleisten am Boden des Bootes, die als Auflage für den Fußboden, die Bodenbretter, dienen. Ihre Oberkante soll möglichst in einer wagerechten Ebene liegen. Ihre Unterkante hat die Form der Spantfüße. Wir haben die unteren Rahmenleisten der Spanten selbst dazu ausgebildet, indem wir ihnen die Höhe der zweiten Wasserlinie aus dem Spanten- bzw. Längsriß gaben. Diese Wasserlinie liegt 6 cm unter der C.W.L. In dieser Höhe lassen sich die Bodenbretter bis weit in das Vorderschiff führen. Für das Hinterschiff, dessen Boden mehr ansteigt, wählt man von der eben beschriebenen Klappe aus eine höhere Lage für die Bodenbretter, nämlich die W. L. 3. Zu den Bodenbrettern nimmt man behobeltes Kiefernholz von 8 mm Stärke. Sie werden so zurechtgeschnitten, daß sie vier größere zusammenhängende Teilstücke bilden: ein dreieckiges, sehr spitzes Teilstück für das Vorderschiff, ein ähnliches für das Hinterschiff und zwei nebeneinanderliegende für den offenen Sitzraum (Plicht, Kockpit). Diese können durch untergelegte Querleisten zu einem Stück verbunden werden. Für die später beschriebene Fußsteuerung, die am Kiel befestigt wird, ist ein Schlitz freizulassen. Die Bodenbretter lassen sich auch so einrichten, daß sie als Klapptisch für das Zeltlager benutzt werden können. Über den Mastspuren sind viereckige oder runde Löcher in die Bodenbretter zu schneiden. Damit die Kockpitbodenbretter, wenn das Boot einmal umgedreht wird oder kentert, nicht herausfallen, befestigt man sie durch Messinghaken und Ringschrauben an einigen festen Spanten.

Das Steuer. Der Flaggenstock.

In der Seemannssprache nennt man das Steuer „Ruder." Das hat seinen Grund darin, daß früher bei den alten Wikinger-

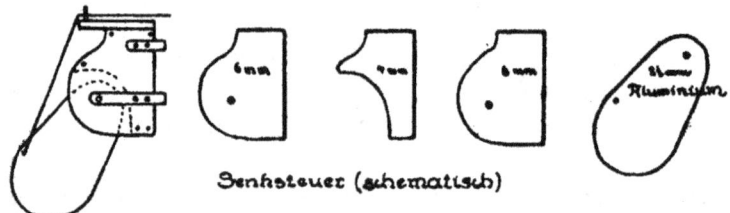

Senksteuer (schematisch)

schiffen das letzte Ruder nach dem Heck zu die Funktion unseres heutigen Steuers übernehmen mußte. Es gibt nun eine ganze Anzahl Sportbeflissener, die sehr entsetzt tun, wenn man das Steuer „Steuer" und nicht „Ruder" nennt. Da aber der Sprachgebrauch unter Ruder beileibe nicht ein „Steuer", sondern jene an den Enden mit einem Brettansatz (Schaufel, Blatt) versehen Holm, der in Ruderbooten als Fortbewegungsmittel dient, versteht, so wollen wir uns ihm anschließen und den Ausdruck „Steuer" beibehalten. Unser Kajak hat eine Fußsteuerung, die wir aus Eichenholz in folgender Weise herstellen.

Neuerdings sind vollständige Sätze Steuerbeschläge fabrikmäßig hergestellt; sie vereinfachen die Sache ganz außerordent- und sind außerdem technisch vollkommen.

Gegen den Kiel wird ein 30 cm langes Stück Vierkantleiste geschraubt und darauf ein kräftiger Messingstreifen (1,5—2 mm) befestigt, der an den Seiten etwas übersteht, so daß ein T-Stück entsteht. Die Unterseite eines Brettes von 20×20 cm erhält nun eine diesem T-Stück entsprechende Führung, die ebenfalls aus kräftigen Messingstreifen hergestellt ist. Auf dem Brett befindet sich ein Knie, das an seiner oberen Spitze einen Stift trägt, um den sich der Hebel der Steuerung, gegen den die Fußspitzen gelegt werden, bewegt. Für die Hacken sind zu beiden Seiten des Knies noch kleine Stützbretter oder Klötzchen angebracht. Von den Enden des Hebelarmes führt auf jeder Seite ein dünnes Drahtseil zum Querjoch unseres Steuers. Die Steuerung läßt sich in der Führungsschiene der Beinlänge des Fahrers entsprechend verstellen. Um die Drahtseile verkürzen zu können, tragen diese an ihrem einen Ende eine Kette, in deren Glieder die Karabinerhaken des Fußsteuerungshebels eingehakt werden. Am Steuerjoch sind sie ebenfalls mit Karabinerhaken befestigt. Die Draht-

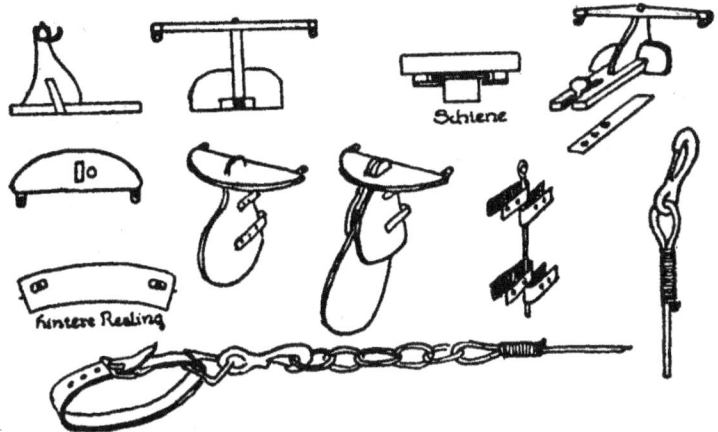

seile sind durch zwei Löcher in der hinteren Reeling geführt. Damit diese Löcher durch den Draht nicht aufgescheuert werden, erhalten sie Messingstückchen als Schutzumrahmung.

Die Ketten an dem einen Ende des Drahtseils und die Karabinerhaken an dem anderen hängen in Schlaufen, die eigentlich durch Umbiegen und Anspleißen der Drahtseilenden zu fertigen wären. Das Spleißen an dem Drahtseil ist, zumal es aus störrigem Stahldraht besteht, so schwierig, daß man besser den Versuch unterläßt. Wer es wagt, binde das Drahtseil vor dem Aufbiegen der einzelnen Kardelen ab; denn es hat die Neigung, sich aufzudrehen. Wir vereinfachen uns die Sache, indem wir zunächst auch das Ende vor dem Abkneifen abbinden. Dann legen wir es, nachdem das Kettenglied eingezogen ist, zu einer Schlaufe, die wir mit Bindfaden fest und sauber abbinden. Die Enden der einzelnen Kordelstränge sind auf 1 mm umzubiegen. Diese Stelle ist besonders gut zu umwickeln.

Das Steuer besteht aus dem Steuerjoch und dem Steuerblatt (12 mm Eichenholz). Am Heck sind zwei ösenartige Beschläge befestigt, auf die sich die Ösen zwei gleicher Beschläge des Steuerblattes legen. Durch alle 4 Ösen wird dann ein runder Messingstab gesteckt, der oben zu einer Öse ausgebildet ist. Hier ist eine Schnur befestigt, die durch eine Ringschraube an der Unterseite des Steuerjochs gebunden ist. Das soll vor dem Verlust des Stabes schützen. Zur leichteren Befestigung des Drahtseilkarabinerhaken an dem Joch trägt letzteres an der Unterseite seiner beiden Ecken Messingstreifen mit Löchern. Dieselbe Befestigungsart kann man auch für den Hebel der Fußsteuerung wählen. Das Steuerblatt reicht ungefähr soweit unter die C.W.L., wie der Kiel an seiner tiefsten Stelle. In flachen oder verkrauteten Gewässern bleibt man mit diesem festen

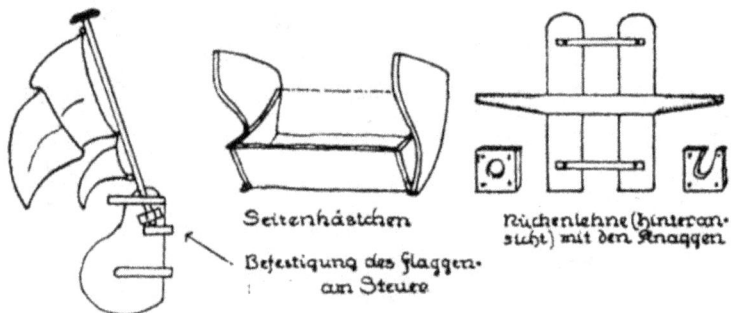

Seitenkästchen
Befestigung des flaggen am Steuer
Rückenlehne (hinteransicht) mit den Knaggen

Steuerblatt leicht hängen; das nachfolgend beschriebene Senksteuer ist viel praktischer.

Bei ihm wird das Steuerblatt aus 3 Teilen zusammengesetzt. Der mittlere Teil hat eine Aussparung, so daß zwischen den beiden äußeren Blättern Raum für die Senksteuerplatte freibleibt. Letztere bewegt sich um einen Bolzen, der durch den unteren Steuerbeschlag gezogen ist. Die Senksteuerplatte wird aus Aluminium- oder Eisenblech ($2\frac{1}{2}$—3 mm bzw. 2 mm) hergestellt. Eisenblech muß natürlich gestrichen werden. An der Senksteuerplatte ist eine Schnur befestigt, die durch eine Ringschraube über das Joch zu dem Fahrer läuft, der mit ihr die Senkplatte an flachen oder verkrauteten Stellen hebt. Senksteuer, bei denen die Senkplatte nicht in der Mitte des aufgeschnittenen hölzernen Steuerblatts läuft, sondern lediglich an der Seite eines vollen Holzsteuers drehbar befestigt ist, sind zu verwerfen, weil sich die Senkplatte verbiegt.

Die Steuerbeschläge kauft man fertig, nur die Senkplatte muß auf Bestellung angefertigt werden. Ihre Eiform ist aus den Bauzeichnungen ersichtlich.

Die einfachste Befestigung des Flaggenstocks geschieht unter Benutzung des Steuers. Das Steuerjoch wird in Stärke des Flaggenstocks etwas schräg nach vorn, 1 cm von den Zapfen des Steuerblatts entfernt, durchbohrt (Zentrumsbohrer). Der Flaggenstock (fertig käuflich) wird durch dieses Loch in eine Messingschelle gesteckt, die sich am Steuerblatt befindet. Die Schelle ist etwas enger als der Stock, der nach unten leicht konisch verjüngt wird. Er kann dann nicht durch die Öffnung der Schelle rutschen. Falls man ihn nicht fertig kaufen will, schneidet man ihn aus einem Rundstab zurecht. Oben erhält der Flaggenstock einen flachen Holzknopf, den man sich aus Mahagoniholz schnitzt. Fehlt dieses, so tut es anderes Holz auch, das dann mahagonibraun zu streichen ist. Der Knopf wird von oben gegen den Stock geschraubt. Zwei Messingringschrauben dienen zur Befestigung der Flaggenschnur.

Rückenlehne und Seitenkästchen.

Die Rückenlehne für den Fahrer besteht aus zwei senkrechten, 5—7 cm breiten eichenen oder eschenen Leisten mit abgerundeten Vorderkanten und bogenförmigen Enden. Sie haben oben und unten eine schwache, in der Mitte eine starke Querverbindung, mit der sie drehbar in zwei Knaggen an den beiden Reelingseiten eingelagert werden. Die mittlere Querverbindung der beiden Rückenlehnenleisten erhält die Form einer Holzachse. Die eine Knagge (Hartholz!) hat ein nach oben offenes Loch zum Einsetzen der Achse. Wenn beim Fahren die Rückenlehne in ihren Lagern knarrt und piept, müssen die Auflager der Knaggen mit gewöhnlicher harter Seife (Toilettenseife) „eingeölt" werden. Das hält dann eine ganze Weile vor.

Zur weiteren Bequemlichkeit baue man sich rechterhand in erreichbarer Nähe zwischen zwei Decksknien ein offenes Kästchen für die Tabakpfeife, die Karten, das Taschentuch usw. ein. Diese Kästchen dürfen nicht bis auf die Bodenbretter reichen. Besser sind an Schraubösen eingehängte Segeltuchtaschen.

Der Leinwandbezug.

Das Boot ist fertig zum Beziehen. Es beginnt jetzt der dritte Bauabschnitt. Die Holzarbeiten sind ziemlich beendet. Auch das später aufzusetzende Deck ist schon angepaßt. Bei einiger Vorsicht werden uns Säge- und Feilspäne das frisch bezogene Boot nicht verschmutzen. An den Sentlatten, die in der Kimm liegen, werden die scharfen Außenkanten mit einer Feile gebrochen, damit sie sich später nicht unter dem Tuch abzeichnen. An den Bodensenten darf das nicht geschehen, weil sich sonst jedes Körnchen Stein, Brot usw. zu leicht zwischen Tuch und Sente schiebt. Das ganze Gestell erhält einen dünnen Anstrich mit erwärmtem Firnis. Nachdem er gut abgetrocknet ist, kann er wiederholt werden, oder man streicht das Gestell mit Ölfarbe in einem Holzton (eichen, zedern, mahagonibraun). Naturfarbe mit Firnis und Lack sieht bei sauberem Bau stets besser aus.

Als Bezug verwenden wir nichtimprägniertes Segeltuch mittlerer Stärke (1 mm). Dickes Segeltuch macht das Boot zwar haltbarer, aber auch schwerer, weil es mehr Firnis und Farbe saugt. Ist das erhältliche Segeltuch nicht breit genug, um den Bootskörper von Deckskante zu Deckskante einzuhüllen, so nehme man schmaleres, das dann sicher die eine Bootshälfte ganz bedeckt. Die beiden Bahnen müssen je etwa 10 cm länger sein als das Boot, weil sie andernfalls beim Überziehen die Stevensponungen nicht

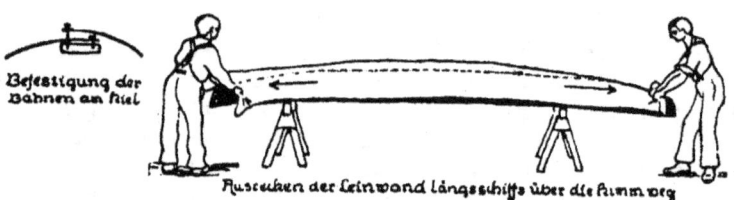

Befestigung der Bahnen an Kiel

Ausrecken der Leinwand längsschiffs über die Kimm weg

ganz bedecken würden. Früher ließ man die beiden Bahnen vom Segelmacher oder vom Verkäufer mit einer Doppelnaht Salkante auf Salkante seitlich zusammennähen. Das hat sich aber als arbeiterschwerend und unvorteilhaft herausgestellt. Zwei halbseitige Bahnen legen sich viel glatter an als eine von Dollbord zu Dollbord reichende. Die Stoffbahn wird auf die Kimm gelegt, die Leinwand gleichmäßig über das Boot gereckt und zunächst mit kleinen Messingnägeln an den Innenkiel geheftet. Diese Nägel setze man nicht zu dicht, lasse sie auch reichlich herausstehen, um etwa sich ergebende Fehler auszugleichen. Früher verfuhr man beim Überziehen sehr umständlich, feuchtete die Leinwand, wo sie Falten schlug, an, reckte sie über das Boot, und zog die Kanten hin und her mit Bindfaden in großen Heftstichen zusammen. Dann wurde 2—3 Tage nachgereckt, indem gleichzeitig der Bindfaden enger gespannt oder mit Knebeln, wie bei einer Säge, zusammengedreht wurde. Gewiß machte sich diese große Mühe bezahlt. Aber da man auch ohne sie einwandfreie Ergebnisse erreicht, sieht man heute davon ab und heftet das Segeltuch gleich an. Nur muß ein geschickter Helfer dabei sein, denn allein ist die Arbeit nicht zu machen. Unerläßlich ist ferner, daß bei warmer trockener Luft, in trockenem Raum und mit völlig trockenem Tuch gearbeitet wird. Am besten unter freiem Himmel im Sonnenschein.

Hat man sich überzeugt, daß das Segeltuch überall gut anliegt und keine Falte bildet, so wird es an der inneren Dollbaumoberkante abgeschnitten. An den Steven wird die Leinwand in die Sponungen gereckt, wobei etwa 2 cm Stoff nach innen umzulegen sind. Was mehr vorhanden ist, muß abgeschnitten werden. In den kurzen Sponungsbogen, wo sich Falten bilden, ist der nach innen umgebogene Stoff mit Einschnitten zu versehen, damit die Schnittkanten sich übereinander hinwegschieben können. Beim Einbringen der Leinwand in die Stevensponungen nehme man sich Zeit und vergesse nicht, daß vom guten Gelingen gerade dieser Arbeit ein wesentlicher Teil des guten Eindrucks abhängt, den das fertige Boot später machen soll. Liegt die Stoffbahn im übrigen gut, so hat es mit dem Befestigen am Steven keine besondere Eile und Not. Ein Haupttrick ist der: Immer zuerst nach vorn, also längsschiff arbeiten, und dann erst nach oben, also nach dem Dollbord bzw. der Stevenoberkante zu. Am Kiel und an den Steveneinläufen (Stevenunterkanten) muß natürlich die Stoffbahn vorher — ebenfalls längsschiffs, im Sinne der Kimmkurve arbeitend — ausreichend fest angenagelt sein.

Die zweite Stoffbahn bringen wir in gleicher Weise sorgfältig an. Zu beachten ist, daß jede der beiden Stoffbahnen über den Innenkiel hinwegreichen und den äußeren Rand des Kiels entlang glatt abgeschnitten werden muß. Auf diese Weise überlappen die Stoffbahnen den Innenkiel und sich selber. Dementsprechend werden die Bahnen auch in der Nähe der Kielkante angenagelt, an der sie abgeschnitten sind. Auf der anderen Seite erfolgt ihre Befestigung am oberen Rand des Dollbaums. Die Nägel sind in etwa 1 cm Abstand zu setzen.

Jetzt erfolgt der erste Anstrich mit heißem Firnis.

Darüber, ob es zweckmäßig ist, bei dem Anstrich der Leinwand Spachtelkitt, Lack, Lackzusatz oder nur reine Ölfarbe, letztere sogar ohne Terpentinzusatz, zu verwenden, gehen die Meinungen auseinander. Ich habe ein Boot nach mehrmaligem Firnissen mit reiner Firnisfarbe ohne jeden Terpentinzusatz gestrichen, und bei dem Auffrischen in späteren Jahren nur Ölfarbe mit keinem oder nur geringen Terpentinzusatz verwandt, und habe eine Haut erhalten, die noch heute nach 12 Jahren lederartig elastisch ist. Der Farbanstrich glänzt nicht, ist aber ziemlich glatt. Ich glaube, daß diese Behandlung der Leinwand eine lange Lebensdauer verleiht, weil sie dabei nicht brüchig wird. Ist jedoch ein Boot, wie im vorliegenden Falle, über 19 feste und 20 eingebogene Spanten erbaut, und trägt es ein Holzdeck, so ist kaum anzunehmen, daß sich der Bootskörper beim Segeln oder bei sonstiger Beanspruchung durch nach verschiedenen Richtungen wirkende Kräfte in sich selbst nennenswert verdreht. Die Leinwand wird durch Zug oder Verdrehung nicht so stark beansprucht werden, daß sie ihre glatte Lage verliert. Wir können ihr später auch mit Lackfarbe zu Leibe gehen; sie wird Brüche oder Risse deshalb kaum bekommen. Ist ein Boot aber leichter gebaut, als hier beschrieben, so sei man vorsichtig. Wir lassen einen zweiten Firnisanstrich ebenfalls gut abtrocknen (je nach der Witterung bis zu einer Woche) und tragen dann einen Spachtelanstrich auf. Spachtel ist eine Masse, die dem Kitt sehr ähnlich ist. Sie wird fertig gekauft oder nach Gebrauchsanweisung zu einem dicken Brei angerührt, den man möglichst gleichmäßig mit einem Pinsel verstreicht. Das Aufspachteln mit dem Messer ist nicht unbedingt erforderlich, ja es ist hier, weil die feste Unterlage fehlt, nicht einmal angebracht. Der Spachtelanstrich trocknet schnell, und nun werden die Rauheiten mit Sandpapier glatt gerieben. Dem Spachtelanstrich folgt ein zweimaliger dünner Ölfarbenanstrich in dem gewünschten Farbton. Der erste davon wird wieder mit Sandpapier geglättet. Ist die Ölfarbe völlig trocken, so folgt ein zweimaliger dünner Lackanstrich mit gutem Bootslack, genau wie beim Holzboot. Für den ersten Lackanstrich, der wieder mit Sandpapier überarbeitet wird, kann man sogenannten Schleiflack nehmen. Die Gebrauchsanweisung ist den einzelnen Fabrikaten beigegeben. Auch von innen wird das Boot, soweit man mit dem Pinsel hinlangen kann, mit dem für das Holzgerippe vor dem Überziehen gewählten eichenfarbenen Anstrich versehen. Nur die Bodenbretter, die Reeling, die Klappe zum Hinterschiff, die Fußsteuerung, das Steuer, die Steven, der Außenkiel und die Luken werden naturlackiert, was besser aussieht.

Während der langen Trockenzeiten wenden wir uns dem Deck zu.

Das Deck.

Gewiß ist auch für das Leinwandboot ein Leinwanddeck nicht zu verachten. Selbst Jollen und noch größere Segelboote haben einen Leinwandüberzug auf den Decksplanken. Es ist einwandfrei, denn durch eine Vermehrung der Unterzüge, der Decksbalken, erhält es genügend Festigkeit, um das Gewicht eines Menschen auszuhalten. Aber andererseits ist das Deck am meisten den Blicken des Beschauers ausgesetzt. Nachdem die Inflation vorbei und wieder alles zu haben ist, sollte man sich den Luxus eines Gabundecks erlauben.

So sehr viel teurer wird es nicht sein. Es spricht mehr an, was bei einem etwaigen Verkauf von Vorteil ist. Auch die Festigkeit, die es dem ganzen Boot gibt, ist nicht zu unterschätzen. Die Vorzüge sind auf seiner Seite. Man kauft 5—6 mm starke, fertig behobelte Gabunplatten. Für den Anfänger ist es gut, das Deck aus möglichst wenigen Stücken zusammenzusetzen. Mehr als die nachstehende Aufteilung zeigt, sollte man nicht nehmen, das sind 6 Stücke. Die seitlichen Stöße müssen auf Decksbalken aufliegen oder mit festen Holzstücken unterlegt werden. Der Mittelstoß wird in der Regel mit einer Leiste bedeckt, weil es dem Anfänger schwer fällt, die Stöße sauber aneinander zu bringen. Aus diesem Grunde ist es, wie gesagt, gut, wenn Vorder- und Hinterdeck nur aus je einem Stück bestehen. Das Deck wird mit kleinen Kupferstiften in geringen Abständen aufgenagelt, gefirnißt, geschliffen, lackiert, geschliffen und nochmals lackiert. Die Lukendeckelbretter sind aus demselben Holz herzustellen und ebenso zu behandeln.

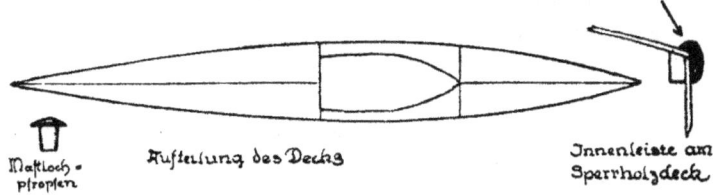

Mastloch-pfropfen   Aufteilung des Decks   Innenleiste am Sperrholzdeck

Ob beim Selbstbau statt des Gabundecks besser ein Sperrholzdeck genommen wird, ist eine Doktorfrage. Sperrholz ist billig und leicht zu verarbeiten, sieht auch gut aus. Nur im Material ist es höchst unzuverlässig, insofern als man Pech haben und leicht aufleimendes Holz erhalten kann. Sperrholz von 3 mm Stärke, wie wir es brauchen, besteht aus 3 dünnen Holzschichten, die — mit der Faser kreuzweise zueinander liegend — gegeneinander verleimt sind, angeblich wasserfest. Die Erfahrung hat aber gelehrt, daß Sperrholzdecks an der Bordkante, besonders an den schmalen Seitendeckstücken neben dem Kockpit, sich leicht werfen, aufleimen, schwarz werden, auch dann, wenn sie gut unter Lack und ständig beobachtet sind. Hierzu trägt das andauernde Tropfwasser der Paddel wesentlich bei, auch die überkommenden Wellen tun das ihrige. Um das Aufleimen möglichst zu vermeiden, empfiehlt es sich, die Scheuerleiste so hoch zu befestigen, daß sie etwa 7 mm über das Deck hinausragt, und von innen eine Viertelkreisleiste dagegen zu setzen. Die Scheuerleiste hat durch Abfeilen ihrer äußeren Kanten ungefähr den Durchschnitt eines halben Ovals. Die Innendecksleiste kann auch flach sein, wenn man sie nur an ihrer Innenkante gut abrundet. Das Wasser läuft infolge der unausgesetzten

Schwankungen des Bootes trotzdem gut ab. Es leuchtet ein, daß hierdurch eine einwandfreie Befestigung gegeben ist. Sicherheitshalber firnisse und lackiere man ein Sperrholzdeck auch von innen.

Wir machen uns nun an die allgemein übliche Scheuerleiste, das ist jene Leiste, die von Steven zu Steven außen am Dollbaum entlang läuft und dabei die Kante des Holzdecks verdeckt. Sie hat die Aufgabe, den Bordrand und damit das ganze Schiff vor Reibung zu schützen und etwaige harte Stöße aufzufangen. Man nimmt deshalb Eiche dazu (3 : 1½ cm). Die flache Leiste wird an den Außenkanten mit Raspel und Feile gerundet, sofern man sie nicht als Halbkreisleiste fertig zu kaufen bekommt.

Die Mastlöcher erhalten aufgesetzte Ringe aus Eichen- oder Mahagoniholz, die man aus 2 Hälften bilden kann, und Holzpfropfen, das sind runde Holzklötze mit einem runden Hut (Pilze). Der Fuß des Pilzes darf nicht zu dick sein, sonst sind die Pfropfen bei feuchter Witterung nicht aus den Löchern zu kriegen. Für die Mastlöcher gibt es auch fertige Metallkränze, die aber zweckmäßig mit zwei halbkreisförmigen Brettstückchen unterlegt werden, damit die Mastlöcher einen Schutzrand haben und das Wasser nicht so leicht hereinläuft.

Um die Reeling wird noch eine Viertelkreisleiste (Eiche) gesetzt, die verhindern soll, daß Wasser zwischen Deck und Reeling eindringt. Wir biegen sie wie die eingebogenen Spanten in der Blechwanne, nachdem wir ihre geraden, im rechten Winkel stehenden Seiten dem Winkel zwischen der Deckswölbung und der dem Kockpitrand angepaßt haben (Hobel, Raspel, Feile). Viertel- und Halbkreisleisten sind in den Holzbearbeitungsfabriken allenthalben erhältlich.

Außenkiel und Bodenschutzleisten.

Gegen den Innenkiel wird von außen der Außenkiel durch die Leinwand hindurch mit Schrauben befestigt. Er besteht aus einer Kiefernleiste (3 : 2 cm) und wird nach den Enden zu in sanfter, beiderseits gleichmäßiger Kurve bis zur Breite der Steven, in die er einzupassen ist, abgeraspelt oder abgehobelt. Das muß recht genau geschehen. Man zeichnet sich eine Mittellinie auf die Kielenden, etwa 50 cm lang, und setzt die Breiten der erforderlichen seitlichen Abschrägungen daran ab.

Wer hobeln kann, mag dem Außenkiel auch die in dem beiliegenden Spantenriß angedeutete Verjüngung nach unten geben. Das ist vielleicht für den Lauf des Bootes eine Kleinigkeit besser, aber nicht unbedingt erforderlich.

In der Kimm, das ist die stärkste Krümmung des Mittelschiffs dicht unter dem Wasser, werden Schutzleisten aufgesetzt (Kiefer 10 : 20 mm). Sie sind 2,50—3,00 m lang, bleiben ungefähr gleichweit von den Bootsenden entfernt und laufen in solcher Stellung zum Außenkiel, daß das auf einer ebenen Fläche umkantende Boot nicht mit dem Tuch, sondern mit der Schutzleiste aufliegt. Sie werden durch das Segeltuch hindurch, wo es geht, mit den Sentlatten verschraubt. Damit die Schrauben auch halten, müssen sie innen aus den Senten hervorragen und an diesen Stellen ein angebohrtes Eichenklötzchen — gewissermaßen als Gegenmutter — erhalten. Diese Art der Befestigung ist außerordentlich praktisch und haltbar und auch an den Stellen im Boot mit Erfolg anzuwenden, an denen die Schutzleisten nicht auf einer Sente ruhen.

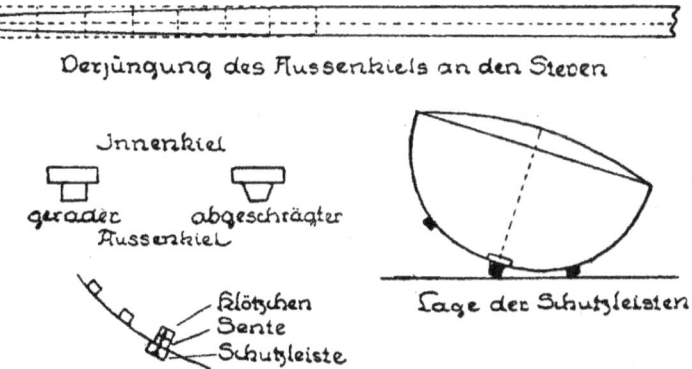

Die über der Leinwand hohlliegenden eingebogenen Spanten werden an den etwaigen Schraubstellen mit Senten-Leistenstückchen (5 mm) unterfüttert. (Schraubenlöcher vorbohren.)

Gute Dienste leisten die Schutzhölzer beim Zu- und Aus-dem-Wasser-bringen des Bootes, wobei das Umkanten und Schleifen auf der Bodenkante fast unvermeidlich ist. Sie hemmen aber etwas im Wasser und müssen daher bei Rennkajaken wegbleiben.

Die Beschläge.

Beschläge nennt man die Metallteile am Boot, die Hilfszwecken dienen und nicht beim Zusammenbau, sondern erst nach der Fertigstellung des Rumpfes angebracht werden. Wir haben beim Steuer und bei den Mastlöchern schon einige kennen gelernt. Ihre Selbstanfertigung ist nicht lohnend, weil sie preiswert käuflich zu haben sind. Da die fertigen Beschläge aber eine bestimmte Form haben, müssen wir unsere Bauteile ihnen anpassen. Deshalb besorge man sich die Beschläge rechtzeitig. Es gibt unter den fertigen Beschlägen sehr praktische Sachen, die nach Angabe erfahrener Sportsleute hergestellt sind, und es wird dem Selbstbauer bald Spaß machen, sich mit diesem Kapitel näher zu beschäftigen. Hier ist es nur erforderlich, auf das Notwendigste hinzuweisen. Da ist zunächst der Vorderstevenbeschlag, der bis über die Kante des Außenkiels läuft. Er wird aus dünnen flach gewölbten Messingstreifen hergestellt, die gegen die Außenkante des Vorderstevens geschraubt werden. Für den Außenkiel kann man gewöhnliches Bandeisen nehmen. Andere Stevenbeschläge reichen über die Stevennasen hinweg bis auf Deck, wo sie einen Befestigungsring für die Fangleine (d. i. die Leine, mit der das Boot an das Ufer, an den Steg usw. gebunden wird) tragen. Das ergibt die größte Festigkeit. Wo der Anlegering am Steven-

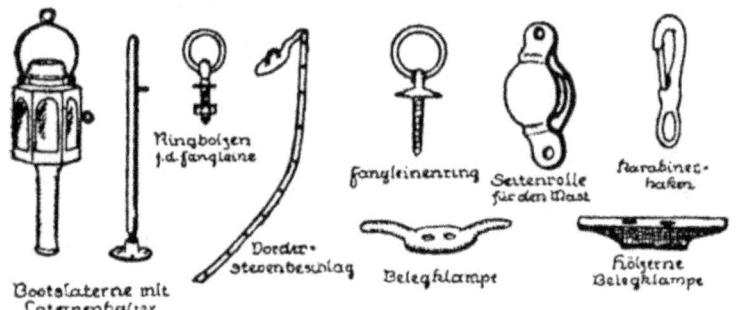

beschlag fehlt, benutzt man eine Ringschraube mit beweglichem Ring, die in den Steven geschraubt wird (Vorbohren), auch am Heck ist eine gleiche Schraube nötig.

Der fertig käufliche Flaggenstockhalter wird durch die weiter vorn beschriebene Durchbohrung des Steuerjochs entbehrlich. Da es wiederholt vorgekommen ist, daß Kanufahrer beim Durchfahren niedriger Brücken und Stege aus Unachtsamkeit den Flaggenstock abgebrochen haben, gibt es jetzt federnde Flaggenstöcke, die sich ohne Schaden umbiegen und wieder aufrichten.

Den Laternenhalter mit der Positionslaterne, die links (backbord) eine rote, rechts (steuerbord) eine grüne, vorn eine weiße durchsichtige und hinten eine runde matte Scheibe trägt, befestigt man zweckmäßig nicht ganz vorn am Boot, wo das Licht infolge des Windes und der Wellen leicht ausgeht, sondern etwa 40 cm von der Deckspitze entfernt. Laternen mit Kerzen, die in einer langen Tülle durch eine Feder aufwärts gedrückt werden, sind den Öllaternen, die leichter schmutzen, vorzuziehen. Denn das ist ja auch wieder eine der angenehmen Eigenschaften des Kanus den Ruderbooten gegenüber, daß sie weder Rollsitz- noch Dollenschmiere an Bord haben, wodurch Fettflecke in der Kleidung verursacht werden. Grund genug, um Universalboote, das sind die mit einer Skulleinrichtung versehenen Paddelboote, abzulehnen. Für das Zelt ist die Positionslaterne weniger brauchbar, weil die Rahmenteile zu viel Schatten werfen. Ich habe deshalb jahrelang immer nur eine kleine viereckige Weißblechlaterne, eine Stalllaterne, mit Kerze mitgenommen.

Zwei Belegklampen aus Messing werden in Reichweite des Fahrers auf Deck befestigt, möglichst dicht am Kockpitrand, damit sie später nicht beim Paddeln die Fingernägel umknicken. Sie dienen zum Festmachen der hinteren Treiberschot. Man kann sie sich auch aus Hartholz selbst schnitzen.

Die Segel.

Das Segeln im schwertlosen Kajak kann und darf niemals Selbstzweck sein; es ist eine Annehmlichkeit, eine Vergünstigung oder ein Gewinn, den man je nach der Wetterlage gern einstreicht, den man aber niemals sich gewaltsam zu verschaffen suchen soll.

Die Segelfläche für unsern Einer darf nach den Vorschriften des D. K. V. höchstens 2,00 qm betragen. Selbst diese geringe Fläche ist aber oft für das Boot gefährlich. Deshalb nimmt man zweckmäßig zwei Segel von 2 und 1 $\frac{1}{2}$ qm. Ist der Wind ganz leicht, so fährt man mit beiden Segeln, ist er stärker, nimmt man 2 qm, und will man ganz sicher gehen, genügt das eine nur 1 $\frac{1}{2}$ qm große Segel, um eine recht erhebliche Geschwindigkeit zu erzielen. Diese kleinen Segel, von denen das größere stets vorn zu fahren ist — wenn man mit zwei Segeln fährt — heißen „Treiber". Es kommt nun darauf an, Befestigung wie Bedienung der Segel so einfach wie möglich zu gestalten. Zu diesem Zweck wählen wir zwei dreieckige Lateinersegel, bei denen Raa und Baum in einer Spitze zusammentreffen und die mit einer an der Raa befestigten Öse (Kausche, Auge) auf einen Stift an der Mastspitze gehängt werden. Als Masten (Stummelmasten) dienen zwei Rundhölzer (Kiefer 4 cm). Nach der Spitze zu werden sie mit dem Hobel oder der Raspel verjüngt. In die Spitze wird von oben eine lange, kräftige Holzschraube eingedreht, deren Kopf rund abzufeilen ist und die dann als Dorn dient. Die Segel sind Dreiecke in der aus der Zeichnung zu ersehenden Form. Man verwendet dazu Nessel oder Makko (letzteres ist fester und teurer); Nessel genügt vollständig. Der etwa 80 cm breit liegende Nesselstreifen wird in Segelbahnen zerschnitten. Wie lang diese sein müssen, zeigt ein

Schnittmuster des Segels, das wir uns mit Bindfaden und drei Nägeln auf dem Zimmerfußboden vorzeichnen. Wir geben aber beim Abmessen der Bahnen an jeder Kante 4 cm zu, damit sich ein Saum fertigen läßt. Verschnitt gibt es fast nicht, weil die schrägen Schnittflächen sich ergänzen. Viel Umstände brauchen wir mit unsern kleinen Segeln nicht zu machen. Damit sie aber möglichst fachgerecht aussehen, setzen wir auf die Bahnmitte noch eine Scheinnaht, so daß schmale (35—40 cm) breite Segelbahnen entstehen. Die Webekanten (Saumkanten) der Nesselstreifen werden etwa 1½ cm übereinander gelegt und durch zwei Maschinennähte verbunden. Die Ecken der Segel erhalten aufgesetzte Dreiecke aus Nessel. Zum Nähen dient braunes Garn.

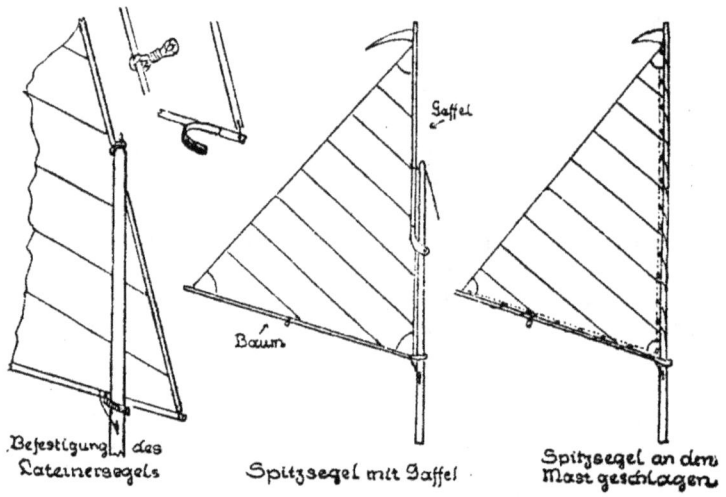

Befestigung des Lateinersegels · Spitzsegel mit Gaffel · Spitzsegel an dem Mast geschlagen

Sobald die Mutter oder die Gattin sich bereitfindet, die Nähte auf der Nähmaschine herunter zu nähen, ist die Herstellung der Segel eine einfache Sache. Das Zuschneiden besorgt aber der Selbstbauer selbst. Solange der Stoff noch auf der Erde unter dem Bindfadendreieck liegt, werden alle Nähte für die Näherin deutlich mit Bleistift vorgezeichnet und zusammengeheftet. Auch das besorgt der Mann. An den beiden Rändern, mit denen es an der Raa und dem Baum befestigt ist, erhält das Segel in Abständen von 15 cm Messingkauschen (Segelösen), die mit einem Kauscheneisen eingestanzt werden. Das Kauscheneisen ist dreiteilig. Es besteht aus dem Locher, dem Stanzer und dem Amboß. Die drei Teile kosten 2,50—3 M. Ihre Anschaffung lohnt sich, besonders für Vereine, weil immer wieder einmal Kauschen einzuschlagen sind. Allerdings paßt das Kauscheneisen nur immer für eine Kauschengröße. Man wähle eine mittlere Größe (9—10 mm). Raa und Baum werden aus Bambus- oder Rundleisten gefertigt. Ist das Segel oben mit einer Öse über den Mastdorn gehängt, so erhält es unten seinen Halt durch einen am Mast befestigten Karabinerhaken, der in eine Öse am Baum greift. Der Zug des Karabinerhakens nach unten muß das Segel stramm setzen. Dann ist nur

Aufteilung einer 80 cm breiten, 5 ½ m langen Mahhobahn zu nebenstehendem Segel. An den Salkanten sind 2, im übrigen 4 cm für Nähte zugegeben. An den punktierten Linien können Scheinnähte aufgesetzt werden.

noch die Schot, die Halteleine, erforderlich. Sie wird auf ⅔ Länge des Baumes vom Mast aus mit einem Karabinerhaken am Baum befestigt oder in einfacher Weise dort angeknotet.

Wie schon weiter vorn gesagt, ist es im schwertlosen Kajak nur möglich, mit Wind von hinten (vor dem Wind) oder raumschots (Backstagswind) schräg hinten richtig zu segeln. Bei

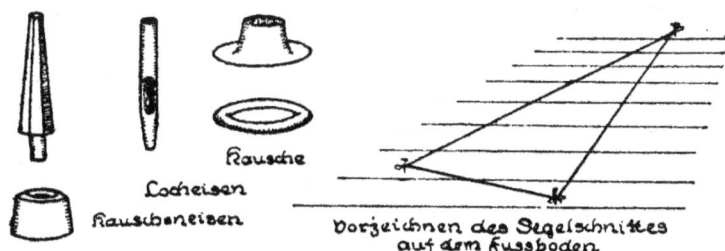

Locheisen
Rausche
Kauscheneisen

Vorzeichnen des Segelschnittes auf dem Fussboden

seitlich (seemännisch „dwars") einkommendem Winde können nur noch verhältnismäßig lang und scharf gebaute Kajaks — die hier beigegebenen sind das — gut vorankommen, und bei schräg von vorn kommendem Winde (am Winde) läßt sich der Treiber nur noch am Heck gesetzt als Hilfe beim Paddeln benutzen. Die Treiberschot geht durch die bewegliche Ringschraube am Heck nach vorn zum Fahrer im Kockpit.

Die beschriebenen Lateinersegel sind nur dann zu verwenden, wenn sie sich vom Boot aus einhaken lassen, sonst wähle man lieber Spitzsegel (Dreiecksegel). Das vorn stehende Segel kann dann an einem Fall, das über Rollen zum Kockpit läuft, von dem sitzenden Fahrer herabgelassen werden.

Man versäume nicht, für die Segel Schutzhülsen aus wasserdichtem Segeltuch — zumindestens aus Nessel — zu fertigen, damit die verstauten Segel vor Schmutz geschützt sind.

An Leinen (Enden, Tampen) brauchen wir erstens die Fangleine — ein Hanfseil, 5 m lang und 1 cm dick, — dann zwei Schotleinen für die beiden Segel, für Großsegel und Treiber je 3 m. Die Schoten sollten mindestens 6 mm stark und weich sein, weil sie sonst in die Hand schneiden. Am besten ist weiße, geklöppelte Baumwolle.

Wem die hier beschriebenen Segelmöglichkeiten und Einrichtungen nicht genügen, der baue ein vollwertiges Segelkanu; er möge aber den Wandersport im Kajak nicht durch leichtfertig heraufbeschworene Segelunfälle in Mißkredit bringen helfen, wie das leider seit dem Kriege schon in einer ganzen Reihe von bekanntgewordenen Fällen geschehen ist.

Paddel und Bootshaken.

Das Paddel muß leicht sein und eine anständige (sportgerechte) Form haben. Die Blätter des Doppelpaddels sind geschweift wie beim Skull. Die Selbstanfertigung derartiger Paddel ist zu schwierig; deshalb kauft man sie am besten fertig. Wer aber mit seinen Mitteln sehr sparsam sein muß, besorge sich zwei Bambusstangen (Durchmesser 3 cm, Länge $2\frac{1}{2}-2\frac{3}{4}$ m), schneide sie an den Enden der Länge nach auf und lege zwei etwa 4—5 mm starke Eichenholzplatten hinein, die zwar nicht gebogen sein können wie die Skullblätter, die ihnen aber im Umriß ähneln. Sie werden mit zwei Bolzen mit Vorlegscheiben oder mit geteerter Schnur befestigt. Sollten die Blätter später spalten, so bekommen sie durch zwei bis drei dagegen genagelte Querleistchen neuen Halt. Den Bambus schützt man vor dem Aufspalten, indem man alle gefährdeten Stellen mit verzinktem Draht oder mit geteerter Schnur abbindet. Wird ihm einige Aufmerksamkeit zugewandt, so hat Bambus eine lange Lebensdauer. Die Paddelblätter haben an ihren vorderen Rändern einen Kupferblechbeschlag. Äußerst unschön sind Paddel mit herzförmigen Blättern. Sie sollen sich zwar in Süddeutschland in steinigen Flußläufen bewährt haben, sind aber auch dort im Schwinden begriffen; wegen ihrer spielerischen Form müssen sie abgelehnt werden.

Das Doppelpaddel wird meist zerlegbar gemacht, um es besser verstauen zu können. Die Schnittenden des in der Mitte geteilten Paddelschaftes erhalten Messingblechmanschetten (Hülsen), die genau ineinander passen. Damit die beiden Paddelhälften sich beim Gebrauch nicht verdrehen, fertigt man einen kleinen Bajonettverschluß, wie die Zeichnung zeigt, indem man an der einen Hülse den Kopf einer Messingschraube etwas vorstehen läßt und die andere Hülse mit einem entsprechenden rechtwinkeligen Einschnitt versieht. Neuerdings mehren sich die Anhänger des Fahrens mit gekreuzten Paddelblättern, wodurch das aus dem Wasser gehobene Paddelblatt dem Gegendruck des Windes entzogen werden soll. Die dazu erforderliche besondere Bewegung des Handgelenks ist aber nicht jedermanns Sache. Wer auf diese Weise paddeln will, muß also einen zweiten Bajonettverschluß anbringen. Die Bambusstangen lassen sich in derselben Weise zerlegen. Gegen

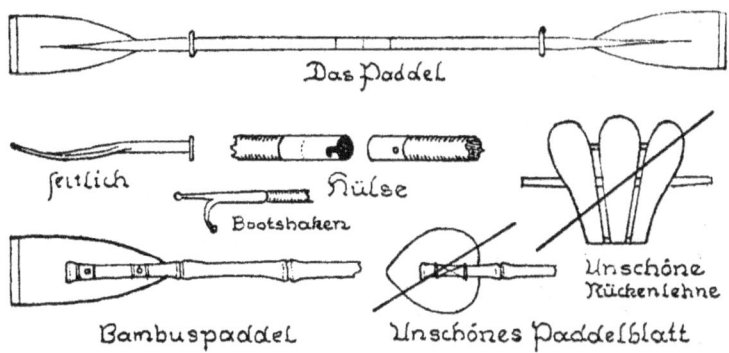

das Zurücklaufen des Wassers vom Paddelblatt ins Boot helfen Tropfringe aus Gummi. Beim Anlegen, Schleppen usw. tut zuweilen ein Paddelhaken gute Dienste. Als Haken für den 1¼ m langen Schaft benutze man solchen, dessen Spitze und Haken durch je eine kleine Kugel geschützt ist. Vor einem solchen Haken ist dann die Leinwandhaut unseres Bootes sicher. Unbedingt notwendig ist der Paddelhaken nicht. Paddelhaken mit Blatt sind für den an sich leicht zu regierenden Kajak nicht erforderlich.

Persenning. Regenschutz. Kissen. Zelt.

Es gibt Leute, die behaupten, die Regenlandschaft zu lieben, die von geradezu fabelhaften Stimmungsbildern erzählen, die sie bei Regenfahrten genossen haben. Doch wie mir ein lachendes Menschenantlitz lieber ist als ein gramerfülltes, weinendes, so halte ich mich auch lieber an die lachende Sonne als an den weinenden Himmel. Das soll heißen, daß der Kanumann gut tut, sein Programm etwas nach dem Wetter zu richten; schlechtes Wetter und Regen erreichen ihn trotzdem noch oft genug. Auf Wanderfahrten mache man bei Dauerregen lieber ein bis zwei Tage Rast im Gasthaus, als eilenden Paddels durch graue Lande zu ziehen und einen verzerrten Eindruck von sonst reizenden Erdenfleckchen mit nach Hause zu nehmen. Es sollte deshalb nicht Aufgabe sein, sich für große Regenfahrten auszurüsten, wichtig ist vielmehr, wenigstens notdürftig gegen Regenschauer geschützt zu sein. Im Zweier stört auch noch das Tropfwasser vom Paddel des Vordermanns, das bei seitlichem Wind unvermeidlich ist. Den vollkommensten Regenschutz müßte eine Öljacke mit angenähter Kapuze und angenähter Spritzdecke geben, die außen um den Reelingrand geknöpft ist, ganz nach Art der eingangs beschriebenen Paddeljacken der Eskimos. Faltbootfirmen führen auch solche Kleidungsstücke; sie sind aber für den meist schmalen Geldbeutel

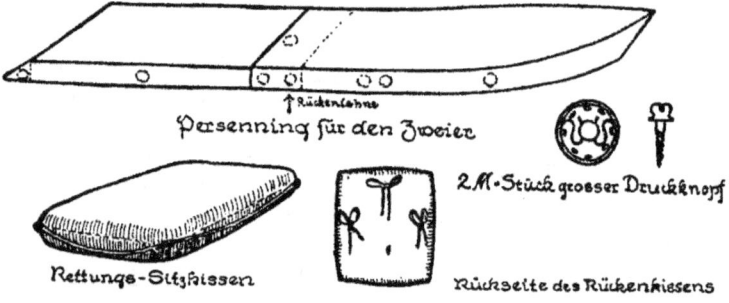

des Selbstbauers zu teuer. Dieser läßt von weiblichen Angehörigen eine Spritzdecke für den Kockpitraum herstellen, die mit ihren Rändern an dem äußeren Plichtrand (Reeling) befestigt wird. Die Befestigung geschieht mit talergroßen Druckknöpfen, deren eigentliche Knöpfe einen Schraubschlitz und eine Holzschraube tragen. Man achte darauf, daß die in den Schraubknopf greifenden Druckfederteile am angenähten Knopf senkrecht — nicht etwa wagerecht — stehen, damit im Falle der Gefahr die Knöpfe leicht aufspringen. Bei wagerechter Stellung der Haltefeder setzt sich oft der untere Draht so fest gegen den Druckeinschnitt im Schraubknopf, daß die Kappe nicht zu lösen ist. Für den etwa tatsächlich einmal eintretenden Fall eines Kenterns ist es noch besser, wenn die Knöpfe am Deck selbst befestigt sind, weil sie dann unter dem Druck des herausfallenden Fahrers sofort losspringen müssen. Unsere Kockpitdecke (Persenning, Plichtbezug) reicht über das ganze Kockpit. Will der Fahrer einsteigen, so schlägt er sie bis zum nächsten Druckknopf zurück. Einen weiteren Regenschutz bildet die bekannte Windjacke. Wer es sich leisten kann, lege sich eine Ägirinjacke (15—20 M.) und einen Ägirinsüdwester zu. Ägirin ist hellgelbes, wasserdichtes, durchscheinendes Ölzeug. Im Gebrauch ist es 2—3 Jahre zuverlässig wasserdicht. Als Sitzkissen wähle man ein mit Kapok oder Renntierhaaren gefülltes Rettungskissen, wie solche fertig zu kaufen sind. Auch die Rückenlehne muß eine weiche Auflage erhalten. Hierzu muß man sich ein kleineres Kissen aus braunem Segeltuch mit Kapokfüllung und Bändern zum Anknüpfen selbst herstellen. Sehr beliebt sind jetzt die bunten Kapokkissen für Korbmöbel, die in fertigen Garnituren für Sitz und Rücken allenthalben erhältlich, jedoch gegen Regen wenig widerstandsfähig sind.

Die Größe und die Form des Zeltes richtet sich so sehr nach den Bedürfnissen des einzelnen, daß es zwecklos wäre, hier eine Beschreibung anzufügen. Man lasse sich den Prospeckt einer Sportzeltfirma kommen und entscheide dann, ob man eines der vielen darin enthaltenen Modelle kauft oder selbst herstellt. Als Schlafunterlage dient eine Gummidecke oder, falls diese zu teuer, eine Zeltbahn. Zwei Wolldecken vervollständigen die Schlafausrüstung. Eine eingehende Beschreibung der Fahrtenausrüstung würde nicht in den Rahmen dieses Buches passen.

Einige Abweichungen beim Kajakzweier.

Im Zweier bedient der Hintermann das Fußsteuer, der Vordermann hat als Widerlage für die Füße ein Stemmbrett, das verstellbar in Ausschnitten des vordersten Bodenbretts eingehakt ist. Im Einer verschwindet die Stütze der Fußsteuerung unter dem Deck des Vorschiffes, sie ist dort nur beim Verstauen des Gepäcks im Wege; beim Zweier steht sie mitten im offenen Kockpit, was sehr störend ist. Man läßt sie deshalb am besten ganz weg und befestigt an den beiden Drahtseilenden lediglich Riemenschlaufen (Schlittschuhriemen), in die man mit den Fußspitzen hineintritt. Ferner muß im Zweier eine zweite Rückenlehne vorgesehen werden. Auch die Persenning ist so zu teilen, daß im geschlossenen Zustande der vordere Teil über den hinteren lappt, an dem er mit Druckknöpfen befestigt wird. Beim Zweisitzer bedeutet das Kockpit infolge seiner Länge eine Schwächung des Längsverbandes. Die Zahl der Spanten ist deshalb im Kockpit zu erhöhen. Beim Schweden- und Klinkerbau, die sonst nur eingebogene Spanten erfordern, treten drei feste Rahmenspanten hinzu, was in den Baubeschreibungen näher erläutert ist.

Schwert und Schwertkasten.

Obgleich das vorliegende Buch nur vom Kajakbau handelt und es sich somit nach der augenblicklichen Begriffsbestimmung des Kanu-Verbandes, der die Schwertkajaks als Segelkanus bezeichnet, erübrigen würde, hier Schwertboote zu beschreiben, soll dennoch vom Schwert selbst soviel gesagt werden, daß der Selbstbauer auch über diesen Punkt vollkommen im klaren ist; denn in Debatten über den Bootsbau spielt das Schwert immer eine Rolle, auch wird an den Selbstbauer früher oder später die Überlegung herantreten, ob er sich nicht lieber ein Schwert mit einbauen soll. Die Eigenschaften des Schwertkajaks, des Segelkanus, sind schon weiter vorn charakterisiert worden, hier folgt deshalb nur die eigentliche

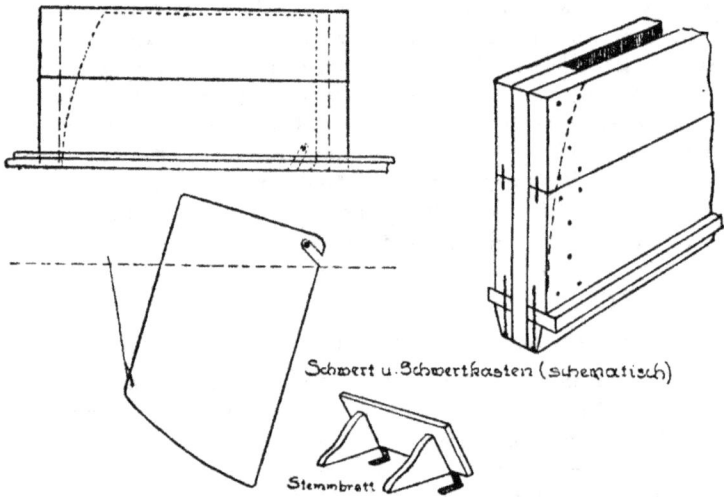

Schwert u. Schwertkasten (schematisch)

Stemmbrett

Baubeschreibung des Schwertkastens. Der Schwertkasten wird in der Regel im Vorderschiff, noch etwas in das Kockpit hineinreichend, angebracht. Es geschieht dies, um den Sitzraum im Kockpit nicht zu beschränken; denn tatsächlich müßte er in den allermeisten Fällen im Sitzraum selbst liegen, wenn das Boot unter Segel ausreichend drehfähig sein soll. Zugunsten der für Wanderboote erforderlichen Bequemlichkeit ist aber hiervon vielfach abgesehen worden und erst, nachdem neuerdings das Segelkanu wieder mehr zum Regattaboot wird, hat man die Segeleigenschaften ohne Rücksicht auf andere Zwecke in den Vordergrund gerückt und baut das Schwert dahin, wo es der Verteilung der Segelfläche nach hingehört. Ein Schwert, das zu weit vorn sitzt, macht das Boot luvgierig, d. h. das Boot hat beim Segeln am Winde (spitz gegen den Wind) ständig das Bestreben, mit seiner Spitze in den Wind zu drehen. Um es in der Fahrrichtung zu halten, ist starker Steuergegendruck erforderlich, der fahrtvermindernd wirkt. Auch beim Kreuzen, wenn das Boot beim Wenden über Stag geht und vorübergehend mit der Nase in den Wind dreht, wird bei einem vorn liegenden Schwert das Boot unter Umständen ganz fest liegen und eine einigermaßen glatte Drehung erst möglich sein, sobald man den Treiber flattern läßt. Das kommt daher, weil der Drehpunkt des Bootes (das Schwert) zu weit vorn liegt und der Winddruck auf den hinteren Hebelarm des Bootes (auf den Treiber) zu groß ist. In solchem Falle steht das Boot wie angenagelt im Wind und erst einige Paddelschläge können es aus seiner unangenehmen Lage befreien. Man kann sagen, daß die meisten Segelkanus, die wir heute haben, in dieser Beziehung verbaut sind. Nun hat man sich dadurch geholfen, daß man das Großsegel fast auf die Bootsspitze, also unmittelbar hinter den Vordersteven gesetzt hat. Auf diese Weise erhält zwar das vor dem Kockpit befindliche Schwert eine annähernd richtige Lage im Verhältnis zur Stellung der beiden Segel, hauptsächlich beim Fahren vor Wind jedoch (mit Wind von hinten) drückt der im Großsegel sitzende Wind die Bootsspitze zu stark ins Wasser. Die Nase kommt gar nicht mehr recht aus den Wellen heraus, das Deck nimmt viel Wasser über, und das Boot erleidet Fahrtverminderung. Man achte also beim Kauf eines Segelkanus auf die Lage des Schwertes und überzeuge sich von der Wendigkeit des Bootes, indem man selbst damit fährt. Von den Werften lasse man sich eine schriftliche Garantie über die Segeleigenschaften geben und zahle nicht eher, als bis man insbesondere die Wendigkeit erprobt hat.

Lage, Form und Maße des Schwertkastens ergeben sich aus der Konstruktionszeichnung. Es ist keineswegs sicher, daß in den neuesten veröffentlichten Rissen die eben angedeuteten Nachteile vermieden sind. Das Schwert ist eine annähernd rechteckige Eisenplatte, die in einem schmalen Kasten hängt, der über einem Schlitz im Kiel befestigt ist. Es ist drehbar in einen Bolzen eingehängt und wird beim Segeln (abgesehen beim Segeln vor'm Wind) an einem Drahtseil in das Wasser gesenkt. Die Eisenplatte ist 3—4 mm stark und verzinkt oder gestrichen. Die eine Ecke ist soweit abgerundet, daß das Schwert, das sich um den in der entgegengesetzten Ecke befindlichen Bolzen dreht, glatt aus dem Schwertkasten herauskommt. Der Schwertkasten ist der Form des Schwertes angepaßt. Sofern er nicht im Kockpit steht, reicht er bis dicht unter das Vorderdeck oder bis in dieses hinein, das dann einen Schlitz erhält. Er ist unten, und bei genügend hohen Booten auch oben offen. Vorder- und Rückwand werden durch je einen 8 mm starken

Pfosten gebildet. Die Pfosten passen genau in den Schlitz des Kiels und reichen bis zur Unterkante des Außenkiels. Die Seitenwände werden aus 12 mm starken Eichenbrettern hergestellt. Da Bretter in der erforderlichen Breite schwer zu erhalten sind, nimmt man für jede Seite zwei Bretter. Ihr Stoß muß erheblich über der Wasserlinie liegen. Die Dichtung des letzteren erfolgt dadurch, daß beide Bretter in der Mitte ihrer Schmalseiten, mit denen sie gegeneinander liegen, der Länge nach je einen 11 mm tiefen (Feinsägen-)Einschnitt erhalten. Es wird nun zunächst das untere Brett gegen die Pfosten und den Kiel geschraubt, dann wird ein 2 cm breiter Zinkblechstreifen in die Nute des unteren Brettes eingelassen, das obere Brett mit seiner Nute darauf gesetzt und ebenfalls mit den Pfosten verschraubt. Der beiderseitig mit Kitt gut in die Nuten der beiden Bretter eingelassene Zinkblechstreifen bildet eine vorzügliche Dichtung, die auch dem etwaigen Werfen der Bretter (Verziehen bei Feuchtigkeit) standhält. Merkwürdig ist, daß bei Leinwandbooten der Schwertkasten fast immer, bei Holzbooten dagegen nur selten dicht zu bekommen ist. Das dürfte damit zusammenhängen, daß der Schwertkasten durch den Druck des Schwertes stark beansprucht wird und die Verbände in seiner Nähe leicht lockert und dann durchlässig macht. Die Leinwandhaut, die nachgibt, vermeidet diesen Fehler. Es ist aber auch beim Leinwandbau erforderlich, daß der Schwertkasten gut mit den Kielen verschraubt wird. Da der Außenkiel erst befestigt wird, nachdem das Boot mit Leinwand bezogen ist, befindet sich auch am Schwertkastenschlitz zwischen Außen- und Innenkiel Leinwand, die über dem Schlitz erst ausgeschnitten wird, nachdem der Schwertkasten befestigt ist. Die Schrauben werden nun von außen durch den Außenkiel, die Leinwand und den Innenkiel hindurch in das untere Seitenbrett gezogen. Ihre Köpfe sind im Außenkiel gut zu versenken. Auch zwischen Innenkiel und unteres Seitenbrett wird zur weiteren Dichtung zweckmäßig ein in Farbe getauchter Leinwandstreifen gelegt. Falls der Schwertkasten seinen Halt nicht oben am Deck findet, muß er seitlich genügend versteift werden. Zu erwähnen wäre noch, daß der Kiel zwecks Aufnahme des Schwertschlitzes an dieser Stelle entsprechend verbreitert werden muß, die mit leichter Kurve wieder in die normale Kielbreite übergeht. Oder man gibt dem Außenkiel durchgehend eine größere Breite (Flachkiel). Der Schwertkasten wird schon vorbereitet, sobald Kiel und Steven über die Mallen gelegt sind. Der Schlitz wird mit dem Stechbeitel ausgestemmt, nachdem zuvor an seinen Enden zwei Löcher gebohrt sind, um das Aufspalten des Holzes zu vermeiden. Die untere Seite des Schwertkastens paßt sich dem Sprung (der Kurve) des Kiels, die obere der Decksmittellinie an, falls er nicht freisteht.

Das Drahtseil zum Herablassen des Schwertes wird durch ein Loch im Schwert gespleißt und über eine Rolle zu einer Klampe im Boot geführt. Der Bolzen, um den sich das Schwert dreht, reicht durch die beiden unteren Seitenbretter (vorn). Die Löcher werden durch vorgelegte Lederscheiben dicht gehalten. Die hier angegebenen Maße bilden nur einen Anhalt für die Größenverhältnisse untereinander, die erforderlichen Holzstärken usw. sind aus der jeweiligen Bauzeichnung ersichtlich.

Das Werkzeug.

Für den Selbstbau eines Leinwandkajaks sind im allgemeinen die einfachsten Werkzeuge, wie solche ohnehin schon in den meisten Haushaltungen vorhanden sind, ausreichend. Sie müssen durch einige wenige Stücke ergänzt werden, deren Anschaffung aber insofern nicht auf das Verlustkonto gebucht werden kann, als sie auch später im Haushalt und bei der Reparatur des Bootes immer wieder gute Dienste leisten werden, ganz nach dem berühmten Satz: „Die Axt im Haus erspart den Zimmermann." Andererseits muß man sich vor unnötigen Ausgaben hüten, damit die Elle nicht länger als der Kram wird. Viele der benötigten Werkzeuge sind schon bei den einzelnen Kapiteln genannt worden; sie werden hier noch einmal zusammenfassend aufgeführt. Da zum Hobeln eine Hobelbank mit Einspannvorrichtungen für das Holz notwendig ist, da ferner die Handhabung des Hobels den meisten schwer fällt, ist von seiner Verwendung in der vorliegenden Beschreibung des Leinwandkajakbaues ganz abgesehen worden. Wo er aufgeführt ist, kann er meist durch eine Raspel ersetzt werden. Nur zum freihändigen Gebrauch beim Anschärfen einer Latte, beim Wegnehmen einer Kante sei ein kleiner eiserner amerikanischer Hobel empfohlen. Im übrigen werden die Hölzer gleich fertig geschnitten und behobelt gekauft. Die größeren Holzbearbeitungsfabriken haben darin eine reichhaltige Auswahl, so daß es dem Selbstbauer bald eine Freude sein wird, sich dort für geringes Geld sein Material zusammenzustellen. Seine Arbeit besteht lediglich darin, die Latten, Leisten und Vierkanthölzer in die richtigen Längen zu bringen, sie also einfach abzuschneiden, ihre Enden anzuschärfen (Taschenmesser) und ihre Kanten stellenweise abzurunden (Raspel, Holzfeile). Seine alte Laubsäge aus der Jugendzeit kommt wieder zu Ehren, unterstützt von einem Fuchsschwanz und einer Stichsäge. Hier muß sich nun der Selbstbauer das Leben etwas leichter machen und alle größeren Sägearbeiten in einer Tischlerei mit einer Bandsäge ausführen lassen. Die Hauptsache ist dabei, daß er die Stücke gut mit Bleistift vorzeichnet, so daß eine Rückfrage nachher beim

Sägen völlig vermieden wird. Da der Tischler keine Boote baut, wird er die Arbeit des Selbstbauers nicht als Konkurrenz auffassen, sondern sie eher unterstützen. Für den Ausschnitt durch Bandsäge kommen in Betracht die Steven, die Mallen, die Spanten, das Steuer und die Reeling. Unüberwindlich sind aber diese Arbeiten auch für den weniger Geübten nicht. Aus seinem Laubsägekasten holt sich ferner der Selbstbauer den Drillbohrer. Noch empfehlenswerter ist eine Handbohrmaschine, die zum Eisen- und Holzbohren benutzt werden kann und sich so verwendungsreich erweist, daß der Selbstbauer bald in ein gewisses Freundschaftsverhältnis zu ihr treten wird; sie wird ihm auch für andere Arbeiten unentbehrlich werden. Dazu ist ein Satz Bohrer von 1—5 mm Stärke erforderlich. Um die dünnen Bohrer nicht abzubrechen, muß das zu durchbohrende Holzstück absolut fest an seinem Platze sitzen bzw. von einer zweiten Person dort festgehalten werden. Beim Herausziehen des Bohrers drehe man die Kurbel weiter rechts herum. Die Bohrmaschine ersetzt auch die Brustleier, die nur noch gelegentlich beim Einziehen von Schrauben und beim Bohren sehr großer Löcher mit dem Zentrumsbohrer in Aktion tritt. Das Abkneifen von Nieten, Nägeln, Schraubenspitzen wird durch eine Hebelzange sehr erleichtert. Der Selbstbauer würde also folgendes Werkzeug zur Hand haben müssen:

1 Hammer
1 Vorschlaghammer
1 Zange (Beißzange)
1 Hebelzange
1 Flachzange
1 Laubsäge
1 Stichsäge
1 Fuchsschwanz
1 größeren Schraubenzieher
1 kleineren   ,,
1 Raspel
1 Holzfeile
1 amerikanischen Hobel
2 Handbohrer (Frettbohrer)
1 Brustleier mit
2 Holzbohrern,
1 Zentrumsbohrer und

1 doppelseit. Schraubenzieher
1 Bohrmaschine mit einem
   Satz Bohrer, 1—5 mm
1 Drillbohrer (nur wenn keine
   Bohrmaschine gekauft wird)
1 schmalen Stechbeitel
1 breiten Stechbeitel
1 Krauskopf
1 Nietenzieher
1 Kauscheneisen mit Zubehör
1 Lot
1 Winkelmaß
1 Pinsel für Lack
1 Pinsel für Firnis und Farbe
1 Wasserwage (borgen)
1 Schraubzwinge
1 kleinen Schraubstock.

Holz-Leinwand (Schweden-) Bau.

Die nachfolgende Beschreibung des sogenannten Schwedenbaues beschränkt sich darauf, den Charakter desselben herauszustellen und seine Unterschiede gegen den reinen Leinwandbau zu erklären. Es ist notwendig, daß sich der Leser aus den voraufgegangenen Kapiteln mit dem Leinwandbau genau vertraut gemacht hat; eine Beschreibung der einzelnen Schiffsteile und

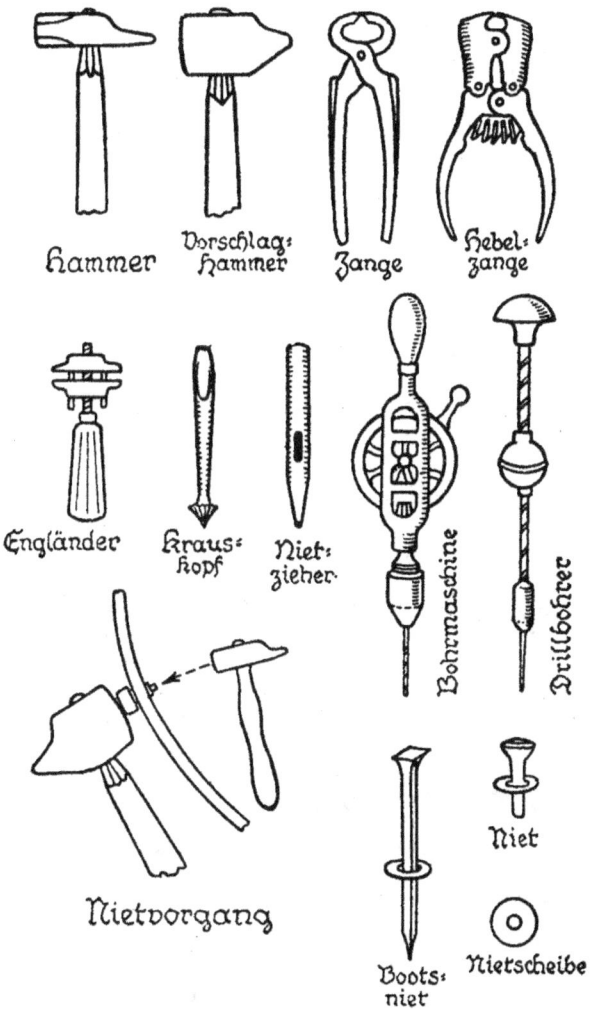

eine Erläuterung der technischen Bezeichnungen findet nicht mehr statt. Der Schwedenbau sieht eine durchgehende dünne Holzbeplankung vor. Die Planken liegen nicht wie beim Klinkerbau mit ihren Stößen dachziegelartig übereinander, sondern dicht nebeneinander, so daß der Schiffsrumpf eine glatte Oberfläche erhält. Das ergibt zunächst Karweelbau, nur werden die Plankenstöße nicht

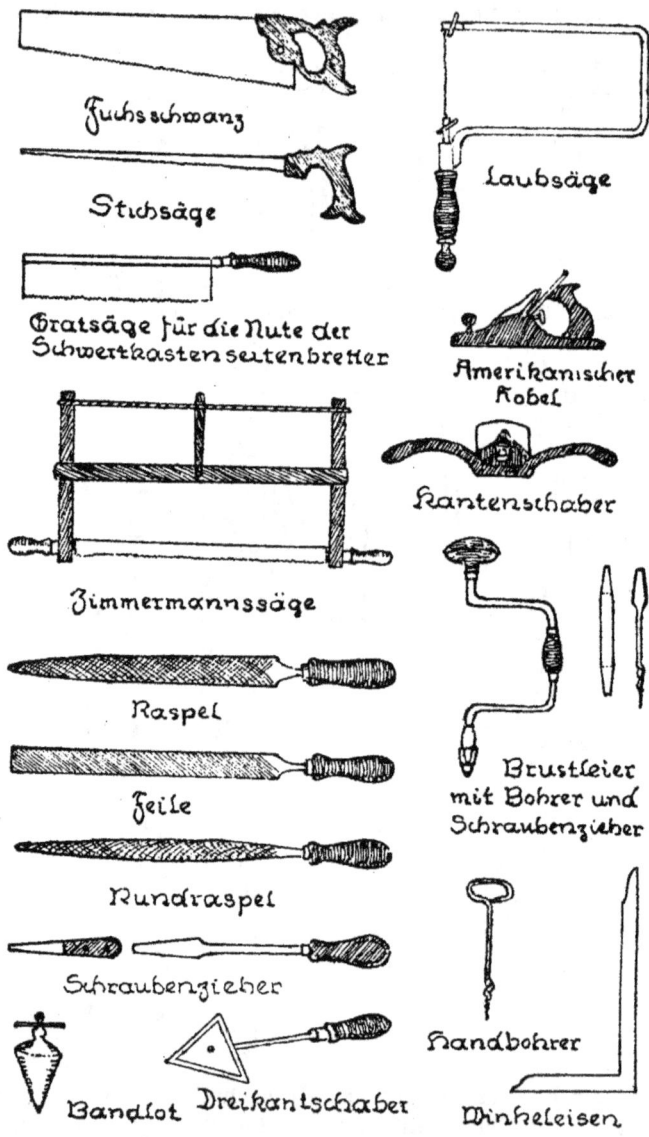

wie bei letzterem irgendwie gedichtet. Dies besorgt vielmehr ein mittelstarker Leinwandbezug, genau wie beim reinen Leinwandbau.

Man stelle sich also ein Leinwandboot vor, bei dem die Sentlatten bis zur Plankengröße verbreitert sind, den Schiffskörper also ganz einhüllen. Ein wesentlicher Unterschied gegen den Leinwandbau bildet die überwiegende Verwendung von eingebogenen Spanten. Beim Einer fallen die festen Spanten ganz weg und beim Zweier beschränkt sich ihre Zahl auf 2—3. Im übrigen ist der vollbeplankte und mit Holz gedeckte Schiffskörper fest genug, um Verzerrungen und Verdrehungen ausreichend zu widerstehen. Er wird an Formfestigkeit nur vom Klinkerboot übertroffen, gegen das er aber den Vorzug der glatten Außenhaut aufweist. Der Schwedenbau ist in hohem Maße für Schwertboote, also für Segelkanus, geeignet. Segelkanus von $7\frac{1}{2}$ qm aufwärts sollten aus Ersparnisgründen vorzugsweise in dieser Bauweise ausgeführt werden. Auch für den, der trotz aller weiter vorn geschilderten Vorzüge des reinen Leinwandbaues Bedenken gegen die Widerstandsfähigkeit der Leinwandhaut hat, ist der kombinierte Schwedenbau zu empfehlen. Er ist vom Selbstbauer noch recht gut herzustellen und erfordert keine so saubere Arbeit wie der Klinkerbau. Der Hobel tritt aber schon mehr in Tätigkeit.

Man betrachte nun die linke Hälfte der beigegebenen Spantbauzeichnung für den Wanderzweier, lese die Maße, die Materialstärken usw. nach und wird damit schon eine deutliche Vorstellung der Bauausführung erlangen.

Sie beginnt mit der Aufstellung der Mallen, Steven und des Kiels genau wie beim Leinwandbau. Der Innenkiel erhält der Länge nach auf jeder Seite eine Sponung, in die der erste Plankengang $1\frac{1}{2}$ cm eingreift. Die Planke (50 : 4 mm) wird über die Mallen gebogen, etwa 1 cm vor der Stevensponung abgeschnitten (damit die Leinwand glatt in die Sponung einläuft), ebenda angeschärft und gegen die Mallen geheftet. Die Heftnägel werden wiederum nicht ganz eingeschlagen. Die am Kiel anliegende Kante der Planke ist der Sponungskante entsprechend abzuschrägen. Nachdem beiderseitig der erste Plankengang provisorisch befestigt ist, wenden wir uns dem künftigen obersten Plankengang zu, der jetzt, weil das Boot kieloben gebaut wird, unten liegen muß. Es ist die Dollbaumsente — hier Scheergang zu nennen — die wir aus der Leinwandbaubeschreibung kennen. Seine Lage ist durch die Schandecklinien am Steven und an den Mallen gegeben. Er wird ebenfalls behelfsmäßig befestigt.

Es gilt jetzt, zwischen diese beiden äußersten Plankengänge die übrigen Planken so einzubauen, daß sie wie die Sentlatten über den Rumpfumfang verteilt von Steven zu Steven reichen. Zu diesem Zwecke müssen die Plankenkanten harmonisch über die Spantumfänge verteilt (ausgestrakt) werden. In der Bootsmitte können sie ihre Breite von 5 cm behalten, nach den Steven zu aber müssen sie schmaler werden. Schon wenn wir den zweiten Plankengang an den ersten setzen wollen, merken wir, daß seine (jetzige) obere Kante in einer Kurve verlaufen muß, um Anschluß an die Kielplanke zu erlangen. Wir legen deshalb die zweite Planke am Mittelspant an ihre richtige Stelle und biegen sie zwanglos von Steven zu Steven. Sie wird nach ihren Enden zu etwas über die erste Planke lappen. Ist sie in dieser Lage vorläufig angeheftet, so zeichnet man an ihrer Unterseite den Verlauf der ersten Planke an und schneidet dann die zweite Planke danach aus. Man vergleiche hierzu auch die weiter hinten folgende Beschreibung der Klinkerbeplankung. Auf diese Weise wird beiderseitig Planke an Planke gesetzt, bis die Scheergänge erreicht sind. Wenn das verfügbare Material es nicht ermöglicht, daß die Planken gleichmäßig von Steven zu Steven durchlaufen, so muß geflickt werden, d. h. die nebeneinander liegenden Plankengänge werden ineinander verklinkt, was an einem Punkt geschieht, der über einer Malle liegt. Bei einigem Geschick wird man dies umgehen können. Die Planken müssen zum Schluß zwar glatt, aber doch in geringen Zwischenräumen von 1—2 mm nebeneinander liegen; denn es ist damit zu rechnen, daß sie später Feuchtigkeit anziehen und sich ausdehnen. Sie würden sich leicht werfen, wenn es ihnen dann an Platz zur Ausdehnung fehlen sollte.

Als Spanten finden eichene oder eschene Leisten von 4—5 mm Stärke und 10—15 mm Breite Verwendung. Sie werden in derselben Weise zugeschnitten, gekocht und vorgebogen, wie dies beim Leinwandbau beschrieben ist. Beiderseits dicht neben den Mallen und im Abstande von je 10—15 cm in den Zwischenräumen zwischen je zwei Mallen werden Spanten eingebogen. Im längeren offenen Kockpit eines Zweisitzers müssen mindestens drei feste Spanten vorgesehen werden (vgl. Leinwandbau), weil sonst das Boot durch den Druck der eingebogenen Spanten auseinandergedrückt, d. h. aus der Form gebracht werden kann. Sie werden mit mindestens je drei Kupfernägeln an jeder Planke befestigt, die von außen so durch die Planken geschlagen werden, daß je einer in der Mitte und je einer an jeder Seite der Planke sitzt (vgl. Bauzeichnung). Die Nägel stehen im Bootsinnern vor und werden dort so umgeschlagen, daß ihre Spitze mit der Maser der Spanten verläuft, weil sie sich sonst aufbiegen würden. Da der Dollbaum (Scheergang) 4 cm breit ist und der Dollbaumverstärker davon 1½ cm einnimmt, müssen die eingebogenen Spanten 1½ cm von Dollbaumoberkante entfernt abgeschnitten werden. Die Steven sind nun von ihren Hilfsbefestigungen und die Mallen von ihren Heftnägeln zu befreien. Hierauf wird das Boot mit den Mallen umgedreht und auf Böcke gesetzt, damit der Dollbaumverstärker und die Decksbalken eingebaut werden können. Der Dollbaumverstärker (2 : 2 cm) ragt $\frac{1}{2}$ cm über Dollbaumoberkante (vgl. Leinwandbau) und muß in der Deckswölbung abgehobelt werden. Den Kurveneinlauf der Deckswölbung, d. i. die Balkenbucht, kontrolliert man probeweise durch übergebogene dünne Latten. Die fehlenden Spanten werden eingezogen und die nach innen vorstehenden Nägel umgeschlagen.

Im Zweier haben wir, wie vorhin gesagt, an drei Stellen feste Spanten anzubringen, und zwar stehen sie auf Spant $3\frac{1}{2}$, $4\frac{1}{2}$ und $5\frac{1}{2}$, also innerhalb des Kockpits. Es sind besonders fest gebaute Rahmenspanten (vgl. Leinwandbau), deren oberer Teil ausgeschnitten und durch Decksknie ersetzt ist. Für die im eingedeckten Rumpfteil liegenden Spantstellen der bezifferten Spanten 1, $1\frac{1}{2}$, 2 usw. werden Decksbalken hergestellt, mit Ausklinkungen für den Mitteldecksbalken und die Plichtschlingen versehen und auf 5 mm mit einer Nase in den Dollbaumverstärker (auch Balkenweger genannt, weil er die Decksbalken trägt) eingelassen. Im Kockpit treten an ihre Stellen Decksknie, die in Halbspantentfernung (d. i. der zwanzigste Teil der Bootslänge, hier beim Einer 25, beim Zweier 30 cm) mit den Planken verschraubt werden.

Die Mitteldecksleiste, der Plichtunterzug (Plichtschlinge), der Plichtrand usw. werden wie in der Beschreibung des Leinwandbaues angegeben eingebaut. Ebenso wird hinsichtlich des Decks und des übrigen Ausbaues auf die früheren Kapitel verwiesen. Vor dem Bezug ist der ganze Holzbootskörper heiß zu firnissen und innen und außen zu streichen. Hierdurch soll möglichst verhindert werden, daß die Planken Wasser anziehen und sich werfen. Das Segeltuch zum Beziehen kann bedeutend schwächer genommen werden als beim reinen Leinwandbau, weil es auf einer festen Unterlage ruht. Deshalb ist auch die Verwendung von Spachtelmasse und Lack zur Erreichung einer völlig glatten Außenhaut unbedenklich.

Vor dem Aufbringen der Leinwand muß bei dieser Bauweise soviel dicke Farbe (dünner Kitt) auf den Bootskörper geschmiert werden, daß alle Fugen zwischen den einzelnen Plankengängen vollständig ausgefüllt werden. Ja, es muß sogar erheblich mehr Füllmasse aufgetragen werden, als unbedingt nötig ist, weil sonst leicht Lücken bleiben könnten. Die innen aus den Fugen hervorquellende überschüssige Füllmasse verschmiert man nochmals gut, auch von innen, und läßt sie dann eintrocknen. Was zu viel ist, wird vor dem Aufbringen des Decks sauber entfernt.

Infolge dieser Behandlung verwachsen Planken, Füllmasse, Leinewand und Außenanstrich zu einer außerordentlich festen Wand.

Der Klinkerbau.

Die eben beschriebenen Bauweisen, der reine Leinwand- und der Holz-Leinwand- oder Schwedenbau, sind Bauweisen, die aus der Praxis der selbstbauenden Laien heraus entstanden sind. Diese fanden in ihnen Mittel und Wege, die Schwierigkeiten des fachgemäßen Bootsbaues — sei es nun Klinker- oder Karweelbau — zu umgehen. Sie lassen sich deshalb ohne größere Schwierigkeiten von dem Nichtfachmann ausführen. Anders der Klinkerbau, von dem jetzt die Rede sein soll.

Er gehört zu den Bauweisen, die in der Bootsbauerei handwerksmäßig ausgeübt werden. Und da letztere wie jedes andere Handwerk erlernt sein will, ist es erklärlich, daß nicht jeder Ungeübte sich gleich daran machen und ein Meisterstück verfertigen kann. Gleichwohl wird es Laien geben, die über soviel natürliches Talent zu jeder handwerklichen Tätigkeit verfügen, daß sie den Klinkerbau ohne weiteres wagen können. Für den Durchschnittsselbstbauer ist es aber entschieden besser, wenn er sich, bevor er an den Klinkerbau herangeht, in anderen leichteren Bauweisen versucht und dabei einige Erfahrungen über die allgemeinen Eigenschaften des Holzes — bei und nach der Verarbeitung — gesammelt hat. Denn das Aufbringen der Planken beim Klinkerbau stellt in dieser Beziehung Anforderungen an das Gefühl und die Geschicklichkeit des Bauenden, die in einer Beschreibung wohl angedeutet, aber nicht gelehrt werden können.

Warum wählt man nun den Klinkerbau? Für unsere kleinen Boote ist er in technischer Hinsicht den beiden anderen beschriebenen Bauweisen kaum überlegen, wie schon in der Einleitung zum Leinwandbau genügend dargelegt ist. Wohl ist die Festigkeit eines Klinkerbootes gegen Verdrehung und Durchbiegung des Bootskörpers größer. Größere Ansprüche in dieser Beziehung werden sich aber erst bemerkbar machen, wenn es sich um Schiffskörper zu Segelkanus handelt, und auch da haben wir im Schwedenbau einen annähernd vollwertigen Ersatz. Sicher ist jedoch, daß ein im Selbstbau hergestelltes Klinkerboot sich leichter verkaufen läßt, weil es vom Laienkäufer eher für fachmännische Arbeit gehalten wird. Sicher ist ferner, daß es dem Luxusbedürfnis mehr entgegenkommt, weil nur beste Hölzer (Zeder, Mahagoni, Eiche) verwandt werden, die mit ihrer unter dem Lackbezug seidig glänzenden Maserung das Auge in hohem Maße befriedigen. Für den gelernten Bootsbauer kommt ferner noch hinzu, daß er infolge seiner jahrelangen Übung alle Schwierigkeiten der Klinkerbeplankung leicht überwindet und deshalb mit ihr nicht mehr, ja vielleicht sogar weniger Arbeit hat als mit einem Leinwandboot. Der Bootsbauer baut ein Klinkerboot häufig kielunten auf einem dicken aufrecht stehenden Brett, dessen Oberkante in der Kurve des künftigen Kiels ausgeschnitten ist oder ein entsprechend ausgeschnittenes Brett als Aufsatz erhält. An den Enden dieser Helling sind Aufbauten zur Befestigung der Steven. Sind Kiel und Steven in die Helling eingepaßt, so werden die Mallen aufgestellt und durch Streben, die von oben kommen, in ihrer senkrechten Lage gehalten. Die Streben müssen natürlich an der Decke oder an einem über der Helling erbauten Gerüst — dem Galgen — gehalten werden. Wegen der Umständlichkeit dieses Aufbaues, der sich nur lohnt, wenn, wie beim Bootsbauer, die Helling dauernd benutzt wird, verzichten wir auf diese Anordnung und bleiben bei unserer bisherigen U-Helling und dem Bau kieloben. Auch die Bootsbauer gehen in letzter Zeit vielfach dazu über, Klinkerboote kieloben zu bauen.

Wegen der Aufstellung der Helling, der Mallen, der Steven und des Kiels, ferner wegen der Fachausdrücke wird auf die vorhergehenden Beschreibungen verwiesen. Auch über das, was Klinkerbau bedeutet, sind wir uns klar: Die Außenhaut des Bootes wird aus mehreren verschieden breiten Planken hergestellt, die mit ihren Kanten dachziegelartig übereinander greifen. Der Selbstbauer wolle sich nun in eine genaue Betrachtung der beigegebenen Spantenbauzeichnung des Kajakzweiers vertiefen und daraus folgendes ersehen.

Der Innenkiel ist mit dem Außenkiel zu einer Kielleiste verbunden, die einen T-förmigen Querschnitt aufweist. Dieser wird durch eine beiderseitige Sponung hervorgerufen, die zur Aufnahme des ersten Plankenganges, des Kielganges, dient. Die Zerlegung in Außenkiel und Innenkiel erübrigt sich, weil der Leinwandbezug weggefallen ist. Die Beplankung besteht aus 6 mm starken behobelten Gabunbrettern. Die einzelnen Lagen werden als Plankengänge bezeichnet. Man unterscheidet den Kielgang, das sind die beiderseitigen ersten Planken dicht neben dem Kiel, den Bodengang, das sind die beiden folgenden, die Kimmgänge in der stärksten Biegung der Mallenaußenkante und endlich den Scheergang, beiderseitig die oberste Planke.

Im Leinwand- und Schwedenbau haben wir die oberste Latte Dollbaum und die daran angebrachte Längsversteifung Dollbaumverstärker genannt. Das hatte seine Berechtigung, weil die eigentliche Außenhaut ja die Leinwand war. Hier müssen wir uns jetzt an die üblichen Fachausdrücke im Klinkerbau halten, unser früherer Dollbaum wird zum Scheergang und der Dollbaumverstärker zum Dollbaum. Der Dollbaumverstärker wird auch Balkenweger genannt, weil er die Querträger im Boot — die Decksbalken — trägt. Die Decksbalken verlaufen in der Deckskurve — der Balkenbucht — der Spanten und sind mit den festen Spanten zu einem Rahmen verbunden. Wegen Zahl und Verwendung von festen Spanten gilt das beim Schwedenbau Gesagte mit der Einschränkung, daß die Spantabstände größer sein können. Man kann dabei auch die Stärke der Plankung mitberücksichtigen. Je schwerer diese ist, desto weniger Versteifungen sind innen nötig. Im allgemeinen genügt es, wenn in Abständen von etwa 40 cm feste Teile eingebaut sind. Beim Einer werden des kleinen Kockpits wegen etwas weniger, beim Zweier entsprechend mehr feste Spanten und Bodenwrangen — hauptsächlich im Kockpit! — eingebaut.

Der Bootsbauer hilft sich noch dadurch, daß er die Bodenwrangen etwas in die Kimm hinaufragen läßt, so daß also in der Kimm die Spantabstände am geringsten sind. Das ist auch berechtigt, denn in der Kimm wirken sich die Beanspruchungen für das Dichthalten der Klinkerung am nachteiligsten aus.

Es empfiehlt sich also, beim Einer auf je 50 cm einen festen Spant und im Bereich des Kockpits auf je 25 cm eine Bodenwrange zu setzen.

Beim Zweier auf je 30 cm einen festen Spant, zu dem im Bereich des Kockpits noch je eine bis in die Kimm reichende Bodenwrange hinzutritt. Außerhalb des Kockpits, also in den Bootsenden, sind nur schwächere Auflagen für die Bodenbretter nötig.

Die Spantenbauzeichnung läßt ferner erkennen, daß die Planken auf 15 mm Breite übereinandergreifen und daß an dieser Stelle die untenliegende Planke nach ihrer oberen Kante zu abgeschrägt ist. Auf diese Weise wird eine breite Auflagefläche („Landung") für die darüberliegende Planke gebildet, an der die Befestigung der Planken aneinander und an den Spanten durch Kupfernieten erfolgt. Ohne breite Auflage würde keine Dichtung möglich sein.

Der T-förmige Querschnitt des Kiels muß nach den Vorderstevenenden zu immer mehr V-förmig werden. Vorder- und Hintersteven haben Sponungen zur Aufnahme der Plankenenden erhalten, die in die Sponungen des Kiels übergehen.

Aus diesen Andeutungen geht schon hervor, daß erhebliche Anforderungen an die Geschicklichkeit des Selbstbauers gestellt werden und daß er mit Hobel, Hobelbank und Stechbeitel umzugehen verstehen muß. Wer das Ausstemmen der Sponungen im Kiel ersparen will, hat noch die Möglichkeit, den Kiel aus zwei Latten zusammenzusetzen, deren Seiten schräg zu hobeln sind. Kiel und Steven werden nun an Mallen und Helling befestigt.

Als erste Planke wird der Kielplankengang gelegt. Da der Bootsumfang nahe der Mitte am größten ist und nach den Steven zu kleiner wird, müssen auch die Planken in der Bootsmitte am breitesten sein und nach den Enden zu schmaler werden. Die Planken selbst sind außerdem verschieden breit. Der Kielgang und der Scheergang hat die breitesten, die Kimmgänge haben die schmalsten Planken. Die Breite am Hauptspant ist aus der beigegebenen Bauzeichnung ersichtlich.

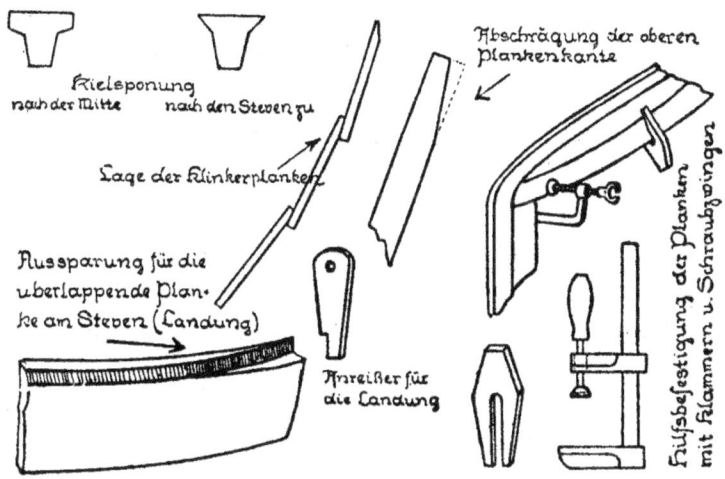

Zur Ermittlung der Form, den die Kielplanke erhalten muß, um der Länge nach dicht an dem Kiel zu liegen, bedient man sich einer Plankenschablone. Das ist ein 5—6 m langes, 3 mm starkes und 20 cm breites Kiefernbrett, das nun in geringer Entfernung vom Kiel und in der voraussichtlichen Lage des Kielganges an den Mallen und Steven angeheftet und gut in die Stevensponungen eingepaßt werden muß. Zwischen dem Kiel und der Brettkante wird sich eine verschieden breite Spalte zeigen, die nach der Bootsmitte zu am weitesten ist. An dieser Stelle überbrücken wir die Spalte mit einem Zirkel, dessen eine Spitze in die innere Sponungskante des Kiels reicht, während die andere Spitze auf der Plankenschablone ruht. Eine durch die beiden Schenkelspitzen gedachte Linie muß rechtwinklig zur Kielmittellinie stehen. Der Punkt wird auf der Schablone angezeichnet. Mit der gleichen Zirkelöffnung und unter Beachtung der rechtwinkligen Einstellung der beiden Zirkelspitzen zur Kielmittellinie wird nun alle 15 cm die Entfernung von der inneren Sponungskante des Kiels auf die Schablone übertragen. Die so ermittelten Punkte werden auf der wieder von den Mallen gelösten Schablone mit Hilfe einer Straklatte (dünne lange Latte, die sich leicht biegen läßt) mit Bleistift zu einer Kurve verbunden, die den Verlauf der unteren Kante der künftigen Kielplanke anzeigt. Auch die Mallenabstände sind auf der Schablone markiert. Von der Schablone wird die Kurve mit Hilfe des Absteckzirkels auf das Plankenbrett übertragen, die Mallenabstände werden gleichfalls vermerkt. Auch die obere Plankenkante wird nicht gerade bleiben können, sondern in einer Kurve verlaufen müssen, wenn alle Planken mit Ausnahme des Kielganges an den Steven Platz finden sollen. Die Planken werden also in der Mitte am breitesten bleiben und sich nach den Enden zu in leichter Kurve verjüngen. Bei zweckentsprechender Einteilung der Planken wird man finden, daß bei den hier beigegebenen Entwürfen die Kielplanken nicht bis zum

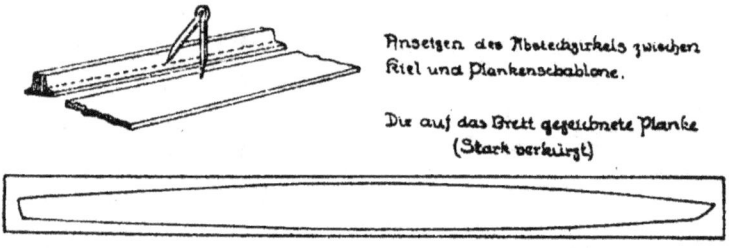

Ansetzen des Absteckzirkels zwischen Kiel und Plankenschablone.

Die auf das Brett gezeichnete Planke (Stark verkürzt)

Hintersteven durchführbar sind, sondern in $\frac{1}{4}$ bis $\frac{1}{2}$ m Entfernung davon am Kiel selbst spitz auslaufen müssen. Anderenfalls könnte man die übrigen 5 Plankengänge vom Dollbord abwärts nicht in harmonischen Linien verlaufen lassen.

Es ist nun Sache des Selbstbauers, seine Geschicklichkeit durch eine möglichst elegante und harmonische Plankenführung zu erproben. Dazu muß er, was hier allein als Hinweishilfe gesagt werden kann, zunächst auch die übrigen Planken mit Hilfe von Straklatten und Schablonen zweckmäßig festzulegen suchen. Der Bootsbauer nennt das ,,Ausschreiben". Dadurch, daß viele Bootsbauer nach Schema F an die Plankung jedes Bootes herangehen, ohne Verständnis und Rücksicht auf dessen vielleicht besonders eigentümliche Linienführung, werden viele Klinkerbauten verdorben, d. h. häßlich aufgeplankt. Wenn auch nicht behauptet werden kann, daß dadurch die Brauchbarkeit notwendigerweise verringert würde, so wird doch der Wert des Bootes einem fachmännischen Beurteiler mit geschultem Auge gegenüber ganz erheblich herabgesetzt. Der Selbstbauer kann sich Zeit nehmen; es ist ihm daher viel leichter als dem berufsmäßigen Bootsbauer, durch entsprechenden Mehraufwand von Mühe und Sorgfalt die Schönheitsleistungen mancher Bootswerften zu überbieten. An dieser Stelle darf ruhig ausgesprochen werden, daß die Zahl der praktischen Bootsbauer, die das sachgemäße „Plankenausschreiben", d. h. die Erzielung eines tadellosen Plankenstraks beherrschen, außerordentlich gering ist. Nach Schema F können es viele, von Fall zu Fall aber anpassen, das können nur wenige. Und die vorhandenen guten Kräfte sind natürlich „in festen Händen".

Klinkerbau ist Handwerk; Klinkerplanken von Fall zu Fall sachgemäß straken ist eine schwere Kunst.

Die Planke wird darauf ausgesägt und angepaßt. Ihre gegen den Kiel stoßende Kante ist schräg abzuputzen, wie der Winkel der Kielsponung es verlangt. Im weiteren muß die Oberkante der Planke, nachdem ihr Kurvenverlauf in der vorstehend angedeuteten Weise ermittelt und ausgeprägt ist, in einer Breite von $1\frac{1}{2}$ cm abgeschrägt werden, damit der überlappende zweite Plankengang glatt aufliegt. Diese Abschrägung wird — an der Planke selbst betrachtet — nach den Steven zu immer flacher werden, weil die Planke aus ihrer annähernd wagerechten Lage in der Bootsmitte nach den Steven zu in immer steilere Stellung gedreht werden muß. Den Winkel der Abschrägung ermittelt man durch kleine Leistchen in der ungefähren Länge der nächsten Plankenbreite, die man an den Mallen senkrecht gegen die Oberkante des Kielganges legt. Hier werden sie auf $1\frac{1}{2}$ cm Breite eingelassen, worauf der zwischen den Ausklinkungen stehengebliebene Span der Kante im gleichen Winkel weggenommen wird. Zur Erleichterung zieht man in $1\frac{1}{2}$ cm Abstand von der Oberkante eine parallel verlaufende Bleistiftlinie, nachdem man zuvor mit einem kleinen, auf $1\frac{1}{2}$ cm ausgeklinkten Holzstück Anhaltpunkte vorgezeichnet hat. Die Befestigung der Planke, die, ehe sie gut paßt, mehrere Male abgenommen und von neuem angepaßt werden muß, geschieht vermittels Schraubzwingen. Nach ihrem Muster wird die Kielplanke auf der anderen Bootsseite zurechtgeschnitten und angepaßt.

Die nächste Planke müßte nun mit einer kleinen Stufe über die Kielplanke reichen. An den Steven jedoch soll sie glatt in die Sponung laufen. Die Stufe muß also dort verschwinden. Hierzu erhält die Kielplanke, etwa 10 cm vor der Sponung beginnend, statt der bisherigen $1\frac{1}{2}$ cm breiten Abschrägung eine Ausklinkung und die überlappende zweite Planke (Bodengang) eine in die Ausklinkung passende Abschrägung, so daß die Plankenenden völlig ausgeglichen in der Stevensponung landen.

Die 6 mm starken Gabunplanken setzen der Drehung, die sie nach den Stevenenden zu erfahren, Widerstand entgegen und würden unter Umständen brechen, wenn man sie nicht entsprechend vorbereiten wollte. Dies geschieht, wenn es sich beim Anpassen als nötig erweist, indem man sie auf $1\frac{1}{2}$ m von den Stevenenden mit Firnis einölt und die Enden in einem offenen Feuer wendet und dreht, bis der Firnis verdunstet und das Holz schwach gebräunt ist. Die heiße Planke wird, nachdem der Ruß abgewischt ist, schnell mit Schraubzwingen in ihrer richtigen Lage am Steven befestigt. Die Enden werden jedoch nicht gleichzeitig, sondern nacheinander in dieser Weise behandelt. Die gebräunten Stellen sind sauber abzuschaben.

Die unterste Planke wird nun endgültig an den Kiel genietet oder mit verzinkten Nägeln angenagelt. Der Nietvorgang ist weiter vorn beschrieben. Damit sie beim Nageln gut anliegt, wird sie mit Schraubzwingen an Kiel und Steven gepreßt und auch mit Heftnägeln gehalten. An den Steven werden Kupfernägel benutzt. Die Nagellöcher sind vorzubohren (Bohrmaschine, Drillbohrer), am Kiel in Abständen von 6 zu 6 cm.

Die nächste Planke, der Bodengang, wird in derselben Weise zugeschnitten und befestigt. Die Kurve, mit der sie auf der vorhergehenden liegt, wird ermittelt, indem man sie zwanglos an ihren voraussichtlichen Platz über die Mallen biegt, und zwar so, daß sie am o-Spant $1\frac{1}{2}$ cm überlappt. Nach den Steven zu wird sie dann noch mehr über die Kielplanke reichen. Hierauf zeichnet man von innen den Verlauf der Kielplanke auf der Bodenplanke ab und markiert gleichzeitig die Mallen, an deren Außenkanten man mit dem Bleistift herabfährt. Die Planke wird abgenommen, zu der Kurve werden $1\frac{1}{2}$ cm zugegeben, die später über die Abschrägung der Kielplanke lappen, dann wird vom o-Spant die breiteste Stelle auf die Planke übertragen. Die behelfsmäßige Befestigung dieser Planke erfolgt an den Steven durch Schraubzwingen, im übrigen durch Holzklammern. Die Kanten der Planken, die am fertigen Boot innen oder außen frei liegen (die inneren oberen und die äußeren unteren) werden rund geraspelt.

Die Plankenüberlappungen sind nun gegeneinander zu vernieten. Außer an den Spantstellen sind zwischen je zwei Spanten je zwei Niete zu setzen. Die Nietstellen werden mit einer dünnen kurzen Latte angezeichnet, so daß sie genau in der Mitte des Überlappungsstreifens und beim 5 m langen Einer gut 4, beim 6 m langen Zweier 5 cm voneinander entfernt liegen. Benutzt werden $1\frac{1}{2}$ cm lange und 2 mm starke, vierkantige Kupfernietnägel. Die zugehörigen Scheiben haben einen Gesamtdurchmesser von 8 und einen Lochdurchmesser von 2 mm. Die Nietstellen an den noch einzubringenden Spanten (alle 12½ bzw. 15 cm) bleiben zunächst unberücksichtigt. Die übrigen Stellen werden vorgebohrt und etwas versenkt, damit die Nietköpfe nicht vorstehen. Nun sind die Niete durchzustecken und die Scheiben, die die Bezeichnung Klinkerscheiben führen, mit dem Nietenzieher überzustülpen. Die Nagelspitzen der Niete werden bis auf 2 mm vor den Scheiben abgekniffen und die Überstände dann zu Köpfen breit geschlagen. Die Nietstellen der übrigen Planken müssen genau senkrecht darüber liegen. In der gleichen Weise werden alle übrigen Plankengänge angebracht. Die Überlappungen müssen gut aneinander liegen, wenn das Boot später dicht sein soll. Damit nicht Fremdkörper, wie abgekniffene Nietspitzen, zwischen sie geraten, ist das Bootsinnere mit dem Handfeger sauber zu halten. Die gleichmäßige Höhe der beiderseitigen Plankenzüge ist jedesmal mit Hilfe einer Querlatte und darauf liegender Wasserwage nachzuprüfen.

Sind einige Rahmenspanten vorgesehen, so werden diese eingesetzt und festgenagelt oder genietet. Zur weiteren Versteifung erhält das Boot einige von Scheergang zu Scheergang übergenagelte Querleisten. Dann wird es von der Helling und von den Mallen genommen und umgedreht.

Das Einbiegen der Spanten (5 : 12 mm) — wir erinnern uns an die Wanne mit heißem Wasser und an das Nagelbrett — erfolgt wie beim Leinwandbau. Die Nietlöcher sind von innen aus zu bohren und dabei etwas zu versetzen. Wegen des übrigen Ausbaues möge die Beschreibung des Schwedenbaues nachgelesen werden.

Instandsetzung
unbrauchbar gewordener Klinker- und Sperrholzboote.

Wohl jedem Kanufahrer ist einmal solch abgedankter Invalide begegnet oder gar zum Kauf angeboten worden, an dem Hopfen und Malz verloren schien. Trotz des geringen Preises, zu dem er verschleudert werden sollte, wurde ein Kauf oder eine Verkaufsvermittlung abgelehnt. Besonders die Sperrholzboote zeigen Neigung zum Aufleimen und Undichtwerden, und alle Versuche, sie zu erhalten, erweisen sich als vergeblich. Ist ein solches Wrack billig — etwa für 40—50 M. oder weniger — zu erstehen und sind Kiel und Spanten noch heil, so kann der Selbstbauer den Kauf für sich oder einen Bekannten getrost wagen; denn er hat ein unfehlbares Mittel an der Hand, das Boot nicht nur gänzlich dicht zu bekommen, sondern auch auf lange Zeit lebensfähig zu erhalten.

Und dieses Ei des Kolumbus ist der Leinwandbezug. Ob es sich lohnt, ein stark verrottetes Boot zu beziehen, hängt von dem dafür geforderten Preis und von dem Grad des Zerfalles ab. Faule Stellen an den Planken machen nichts aus. Sie werden herausgesägt oder herausgestemmt und so gut wie es geht durch gesundes Kiefernholz ersetzt, das von innen durch darüber genagelte Latten- oder Brettstückchen Halt bekommt. Dicht brauchen die Stellen nicht zu sein. Die Fugen schmiert man mit Kitt oder Spachtelmasse aus. Die Hauptsache ist, daß die Außenhaut glatt ist. Auch angefaulte Kiel- oder Stevenstellen können ausgestemmt und mit gutem Holz ausgefüllt werden, wenn das verbleibende gesunde Holz noch eine hinreichende Festigkeit verbürgt. Notfalls überbrücke man die geschwächten Stellen, ähnlich wie die Stöße zwischen Kiel und Steven durch Knie verbunden sind. Hat das Boot einen Außen- und einen Innenkiel, so wird der Außenkiel abgenommen, ebenso werden die Beschläge und die Scheuerleisten gelöst und, wenn auch das Deck zu erneuern ist, die Viertelkreisleiste von der Reeling und die Deckleiste von der Mittelnaht des Decks entfernt, worauf das Deck abgenommen werden kann.

Zum Beziehen dient dünne Leinwand, etwas stärker als ein Bettlaken, vielleicht Doppelnessel oder etwas Ähnliches. Das Überspannen und Zuschneiden geschieht ganz wie beim Leinwand- bzw. Schwedenbau. Zuvor erhält das Boot jedoch einen Anstrich mit einer Klebemasse, die ein erfahrener Selbstbauer, Herr Arnold Schulz, Berlin O 112, Helenenhof 8, zusammengestellt hat und die von diesem zu beziehen ist. Auch für das Aufleimen der Kanadierhaut wird ja in den Fabriken ein ähnlicher Klebstoff verwandt.

Die Masse muß heiß in der Stärke eines dicken Ölfarbenanstrichs gleichmäßig aufgetragen werden. Sie erkaltet fast unter dem Pinsel. Der ungefähre Bedarf sind 3 kg. Über den Bootsrumpf, der natürlich kieloben liegt, wird die Leinwand gelegt. Es schadet nichts, wenn die Leinwand aus mehreren Stücken zusammengenäht ist. Die Nähte markieren sich nachher nur wenig. Dann wird — beginnend von der Bootsmitte an der Kimm — ein heißes Plätteisen so gegen die Leinwand gedrückt, daß diese fest aufliegt und alle Luftblasen zur Seite fliehen. Unter dem Einfluß des heißen Eisens erweicht der darunter liegende Klebstoff und zieht in die Leinwand ganz ein, so daß er beim Aufheben des Eisens feucht durchschimmert. Das Eisen wird nun weiter und weiter gerückt, in strahlenförmiger Richtung nach der Bordkante und den Steven zu. Die Hauptsache ist, daß nirgends Luftbläschen entstehen, die immer herausgedrückt werden müssen. Eine plättende Bewegung des Eisens ist nicht notwendig. Wenn an einzelnen Stellen die warme Klebemasse den Stoff nicht ganz durchfeuchtet, ist von oben etwas

Klebemasse aufzutragen und anzuplätten. Die Planken der Klinkerboote markieren sich genau wie beim unbezogenen Boot, auf keinen Fall dürfen da, wo sie übereinandergreifen, hohle Luftstellen unter dem Leinwandbezug entstehen. Ist versehentlich doch irgendwo eine große häßliche Blase übriggeblieben, so kann das Tuch an dieser Stelle aufgeschnitten und die Blase herausgedrückt werden. Nach dem sauberen Beziehen des Bootes, was weniger Geschicklichkeit als Ausdauer verlangt, erhält das Boot sofort — ehe Temperaturunterschiede auf die Klebemasse einwirken können — einen Spachtelanstrich. Die Gebrauchsanweisung hierfür ist den verschiedenen Fertigfabrikaten beigegeben. Der Spachtelanstrich wird mit Sandpapier sauber abgeschliffen und nötigenfalls noch einmal wiederholt. Danach wird das Boot zweimal dünn mit Ölfarbe gestrichen und zweimal lackiert. Zwischen jedem Ölfarben- und Lackanstrich ist es mit Sandpapier zu bearbeiten. Je mehr man es abschleift, um so glatter wird die Außenhaut.

Will nun jemand ein eichenes oder ein Mahagoniboot hervorzaubern, so hält er den Ölfarbanstrich im ersten Fall in einem eichenen Ton (d. i. heller Ocker mit Weiß vermischt). Dazu kauft er sich Kasseler Braun als Essigfarbe. Für 5 Pfennig gibt es einen halben Tassentopf voll, der für mehrere Boote reicht. Dieses Kasseler Braun ist eine feuchte Schmiere. Ein halber Teelöffel voll wird auf eine Untertasse getan und ganz wenig mit Wasser verdünnt. Mit dieser Farbe wird die trockene Ölfarbe des Bootes dünn überstrichen, zunächst nur probeweise. In die nasse Essigfarbe fährt man mit einem flachen, breiten und weichen Pinsel hinein und zieht einen gleichmäßigen Strich parallel zu den Planken, so wie die Naturmaser verlaufen würde. Sobald der Strich beendet ist, erkennt man zu seiner Freude eine klare Holzmaser, die noch natürlicher wirkt, wenn hier und da ein leichtes Zittern durch die Hand gegangen war. Die Essigfarbe trocknet stumpf und unansehnlich ein. Sie lebt aber in ihrem alten Glanz auf, sobald der erste Lackanstrich über sie gelegt ist. Ehe lackiert wird, muß das ganze Boot gemasert sein. Der Lackanstrich ist in diesem Falle nicht abzuschleifen. Für einen Mahagonianstrich nimmt man ein mit Ocker und Weiß aufgehelltes Mahagonibraun als Grundfarbe. Noch sachgemäßer wird die Maserung mit einem Kamm und einem Schläger (Pinsel) ausgeführt. Die Farbenspezialgeschäfte oder ein bekannter Maler geben dem Selbstbauer darüber sicher gern Auskunft. Der Erfolg ist in den meisten Fällen verblüffend. Ein Mißerfolg tritt nicht ein, weil sich die Essigfarbe leicht abwaschen und neu auftragen läßt. Bei überzogenen glatthäutigen Booten (Sperrholzbooten) wirkt ein gleichmäßiger farbiger Anstrich ebenso gut.

Einige Winke über das sportliche Auftreten.

Ich bin am Schluß meiner Ausführungen über den Kajakbau und freue mich mit dem Selbstbauer, der an Hand der Beschreibung mit eigener Ausdauer und Geschicklichkeit ein Boot hergestellt hat, über sein gelungenes Werk. In den meisten Fällen wird er Mitglied eines Kanuvereins sein; es wird aber auch Selbstbauer geben, die keinem Verein angehören oder die gar erst mit ihrem neuen Boot ihre Laufbahn als Paddler beginnen. Diesen letzteren möchte ich ein paar Ratschläge mit auf den Weg geben, wie man es anstellt, daß man auch als Einzelgänger nicht unangenehm auffällt, sei es im Kreise seiner näheren Kameraden, der Paddler, Ruderer und Segler, oder sei es in den Augen des Ufer- und Dampferpublikums.

Der Kanufahrer legt Wert auf sportliches Aussehen und sportliche Kleidung. Er wird im Sommer im weißen Ruderhemd, in kurzen dunkelblauen Trikothosen und Halbschuhen aus Segeltuch fahren. Ob mit oder ohne Socken, ob mit oder ohne Ruderkappe (Cheviot), sei ihm überlassen. Zurzeit wird es noch als unschicklich angesehen, mit entblößtem Oberkörper zu paddeln. Zum mindesten vermeide man es, in der Nähe von belebten Uferstraßen, von Orten oder Wirtshäusern, vielleicht gar mit einer Dame im Boot, in solchem Aufzuge zu erscheinen. Es ist möglich, daß die Sportkreise in einigen Jahren anders darüber denken. Sobald der Paddler an Land und nicht im engeren Kreis seiner Kameraden ist, sobald er also ein Ausflüglerlokal betritt, zieht er seine lange blaue Hose und seine blaue, doppelreihige Jacke an. Wenn es schnell gehen soll, wenigstens die Jacke. An kühleren Tagen trägt er über dem Ruderhemd ein weißes langärmeliges Sport- oder Leinentaghemd mit weichem Stehumlegekragen oder Schillerkragen und langem, schwarzem Binder. Damen sowohl wie Herren sollten vermeiden, im Badeanzug zu fahren. In der weißen Ruderkappe wird durch militärisches Handanlegen, in der blauen Straßenmütze — zumindesten Damen und älteren Herren gegenüber — durch Abnehmen der Mütze gegrüßt. Im Boot wird die blaue Straßenmütze nicht aufgesetzt. Rauchen während des Paddelns sieht unschön aus. Beim Segeln oder Treiben kann man sich schon eher ein Pfeifchen schmecken lassen.

Im Zweier muß gleichmäßig gepaddelt werden. Der hinten sitzende Herr richtet sich nach dem Schlag der vor ihm sitzenden Dame. Wird ungleichmäßig gepaddelt, so hat nur der Hintermann, der Herr, allein Schuld. Das schließt nicht aus, daß er die Dame durch leisen Zuruf anfeuert oder korrigiert. Ebenso unschön wirkt es, wenn der eine Teil (meist die Dame) sich ausruht und der andere Teil allein weiterpaddelt. Wenn gepaddelt wird, paddeln beide — wenn geruht wird, ruhen beide. In dem Augenblick, wo die Dame unlustig ihr Paddel niederlegt, tut der Herr dasselbe und wartet, bis sich bei seiner Partnerin die Kräfte wieder eingestellt haben. Es ist ja nicht gesagt, daß die Dame gleich kräftig durchziehen muß. Häßlich ist es auch, wenn die Dame vorn im Boot gänzlich untätig sitzt oder häkelt oder liest. Beim Eintauchen des Paddels muß das Paddelblatt gerade im Wasser verschwinden, der Schaft darf nicht mit eingetaucht werden. Der Schlag soll nicht hastig sein. Man setzt möglichst weit vorn ein, wobei der eine Arm völlig gestreckt, der andere gut an die Brust gezogen wird, und zieht langsam durch. Der Blick ist geradeaus oder auf die Schönheit der Landschaft gerichtet und verfolgt nicht etwa die eintauchenden Paddelblätter, was sofort den Anfänger verraten würde. Mit dem Rücken lehnt der Fahrer gegen die Rückenlehne, ohne jedoch so weit nach hinten geneigt zu liegen, daß es aussieht, als säße er in einer Badewanne. Kopf und Oberkörper bewahren eine ruhige, aber nicht gezwungene Haltung. Das Hin- und Herschaukeln mit dem Oberkörper, wie es im Rennen infolge der größeren Kraftanstrengung zuweilen unvermeidlich ist, darf für gewöhnlich nicht in Erscheinung treten. Die ganze Paddelarbeit muß auf den Beschauer den Eindruck einer mäßig flotten und eleganten Bewegung machen.

In der Nähe der Großstädte grüßen sich nur die Boote befreundeter Vereine untereinander. Weiter draußen auf Wanderfahrt grüßt man jeden Sportskameraden, auch den Segler und Ruderer.

Wenn dann noch der Paddler sich ganz allgemein eines höflichen, nicht aufdringlichen Wesens befleißigt, besonders auf Touren im Verkehr mit der einheimischen Bevölkerung, in Gasthäusern und an Schleusen, so wird er bald merken, wie höflich man auch ihm allenthalben entgegenkommt. In dieser Weise kann jeder Kanufahrer zur Hebung des Ansehens unseres Sports beitragen.

Materialverzeichnis

für den Bau eines einsitzigen Leinwand-Kajaks von 5,00 m Länge.

Bezeichnung	Menge Stückzahl	Stärke mm	Breite mm	Länge m	Holzart	Bemerkungen
Innenkiel	1	20	30	5,00*	Kiefer	* Beim Zweisitzer entsprechend länger
Außenkiel	1	20	30	5,00	Kiefer	
Sentlatten	12*	5	20	5,25	Kiefer	* Beim Zweisitzer 16 Stck. oder
Dollbordlatten	2**	5	40	5,25	Kiefer	** 4—40 mm (2 untereinander)
Steven	2	30	Formstücke		Eiche	
Dollbäume	2	20	20	5,25	Kiefer	
Feste Spanten	9	10	Formstücke		Eiche	
Eingebogene Spanten	40	4	10	16,00	Eiche / Esche	Je 2 zwischen den festen Spanten
Decksbalken	10*	12	Formstücke		Kiefer	* Beim Zweisitzer mehr
Kockpitunterzug	2	20	25	4,00	Kiefer	
Kockpit-Spitzenführung	2	25	Formstücke		Kiefer	
Plichtrand	2	7—8	150	2,00	Eiche	} Außerdem hinteres Querstück
Fülleiste hierzu	2	12	Viertelkreis		Kiefer	
Laufbretter	2	8	Formstücke		Kiefer	
Mitteldeckstringer	1	20	30	5,00	Kiefer	geteilt
Seiten-Scheuerleisten	2	15	30	5,25	Kiefer	Halbkreis
Boden-Schutzleisten	2	10	20	2,50	Kiefer	
Mallen	9	12—20	Formstücke		Kiefer	Kistenbretter
Helling	3	15	100	5,10*	Kiefer	* Für Zweisitzer 6,10 m
Deck	5 qm	6	Formstücke		Gabun	

Materialverzeichnis

für den Bau eines 6,00 m langen Zweisitzers:
Leinwand über Undicht-Karweel (Schwedenbau)

Bezeichnung	Menge Stückzahl	Stärke mm	Breite mm	Länge m	Holzart	Bemerkungen
Innenkiel	1	20	30	6,00	Kiefer	Oder T-förmig aus einem Stück laut Beschreibung zum Klinkerkajak
Außenkiel	1	30	20	6,00	Kiefer	
Planken	{14-16 qm	4	50-100	—	Kiefer	
Steven	2	30	Formstücke		Eiche	
Feste Spanten	lt. Beschrbg.	10	Formstücke		Eiche	
Eingebogene Spanten		4—5	12	nach Bedarf	{Eiche Esche	
Dollbäume	2	20	20	6,25	Kiefer	
Decksknie	1 qm	10	Formstücke		Eiche	Kiefer 12 mm
Bodenbretter	3 qm	8	Formstücke		Kiefer	
Plichtrand	2	8	15	3,00	Eiche	und hinteres Querstück
Plichtunterzug	2	20	25	5,00	Kiefer	
Fülleiste am Deck	2	12	Viertelkreis		Eiche	
Deck	6 qm	6	Formstücke		Gabun	{Durch Luken und Masthalteleisten unterteilt
Mitteldeckstringer	1	20	30	6,00	Kiefer	
Führung der Kockpitspitze	2	25	Formstücke		Kiefer	
Bodenschutzleisten	2	10	25	3,00	Kiefer	können fehlen
Mallen	{3 bis 4 qm	12—20	Kistenbretter		—	
Helling	3	15	150	6,20	Kiefer	
Böcke	2 qm	15—20	Kistenbretter		—	Schalholz
Stützen	2 qm	10—12	Kistenbretter		—	Schalholz

Materialverzeichnis
für einen 6 m langen Klinkerkajak (Zweisitzer).

Bezeichnung	Menge Stückzahl	Stärke mm	Breite mm	Länge m	Holzart	Bemerkungen
Kiel	1	50	50	5,80	Kiefer	T-förmig ausgearbeitet
Planken	14 bis 16 qm	6	—	—	Gabun	beiderseitig behobelt
Dollbaum	2	20	30	6,25	Kiefer	
Feste Spanten und Bodenwrangen	lt. Beschrbg.	10	Formstücke		Eiche	
Bodenbretter	6	8	,,		Kiefer	
Deck	6 qm	5—6	,,		Gabun	evtl. Mahagoni
Decksknie	lt. Beschrbg.	10	,,		Eiche	Kiefer: 12 mm
Plichtunterzug	2	25	15	5,00	Kiefer	
Plichtspitzenführung	2	25	Formstücke		Kiefer	
Plichtrand	2	7—8	150	3,00	Eiche	und Querstück
Decksbalken	lt. Beschrbg.	15	Formstücke		Kiefer	
Fülleiste		12	Viertelkreis		Eiche	
Mallen, Böcke						Vgl. Schwedenbau
Helling						

Allgemeine Anmerkung zu den Tabellen (Spalte „Länge"). Die ganzen Längen von 5,25 bzw. 6,25 m sind unwirtschaftlich. Man nimmt jedoch, wenn irgend angängig, die Kielhölzer durchlaufend. Beim reinen Leinenbau kann man die Sentlatten mittschiffs je etwa ½ m seitlich übereinander hinweggreifen lassen. Man arbeitet also mit je etwa 3,00 m langen Senten von den Steven aus. Die gleichmäßig abzuschneidenden Enden werden mit eingebogenen Spanten abgefangen. Dadurch erhält man ein fast voll beplanktes Mittelschiff, und die Leinwand bekommt keine Knicke längsschiffs. Beim Schwedenbau ist weder durchlaufendes Plankenmaterial, noch irgendwelche Laschung nötig. Man schneidet die Plankenbrettchen unter Aufrechterhaltung einer möglichst harmonischen Anordnung an den Stoßstellen einfach stufenförmig ein, ⌐——⌐ fängt die Einschnitte mit eingebogenen Spanten ab, so daß die Außenfläche glatt bleibt, und versetzt diese Stöße längsschiffs ausreichend gegeneinander, damit sich keine schwache Stelle im Boot ergibt. Es dürfen also niemals mehrere Plankenstöße in der gleichen Spantengegend übereinanderliegen.

Das hier Gesagte gilt auch für den Klinkerbau mit dem Unterschied, daß dort die Plankenenden notfalls so sauber wie möglich abgeschrägt und übereinander gelascht werden müssen, weil hierbei die Laschung zugleich auch die Dichtung bilden muß. Außerdem darf natürlich eine gelaschte Klinkerplanke weder den glatten Verlauf des Plankenstraks unterbrechen, noch das gute Aussehen beeinträchtigen.

Es ist hier angebracht, darauf hinzuweisen, daß die Sportsleute aus Vorurteil gegen eine sachgemäße Laschung sehr oft „durchlaufende Planken" fordern. Das ist bei Aufrechterhaltung des Konkurrenzpreises meistens zum Nachteil des Bestellers. Der Bootsbauer kann unmöglich jede Planke fehlerfrei aus dem nun einmal von Natur ungleichmäßigen Holze herausschneiden. Darf er laschen, so schneidet er minderwertige Stellen weg. Anderenfalls baut er: „Der Not gehorchend (um nicht Geld zuzugeben!)" alles ein, was irgend geht, und verdeckt vorhandene Holzmängel möglichst kunstgerecht

Maßstab = 1 : 15.

Maßstab = 1 : 15.

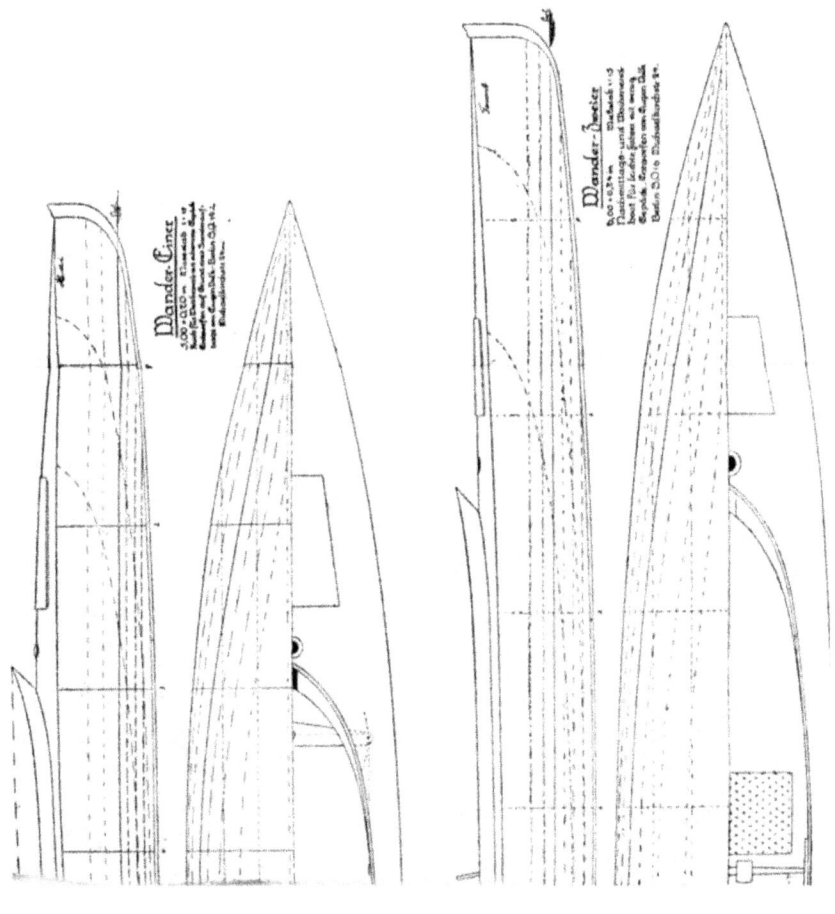

Tafel II.

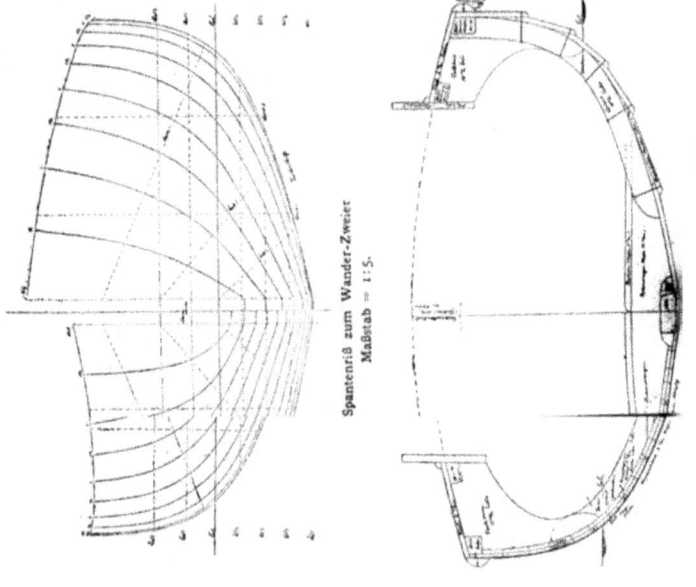

Spantenriß zum Wander-Zweier
Maßstab = 1 : 5.

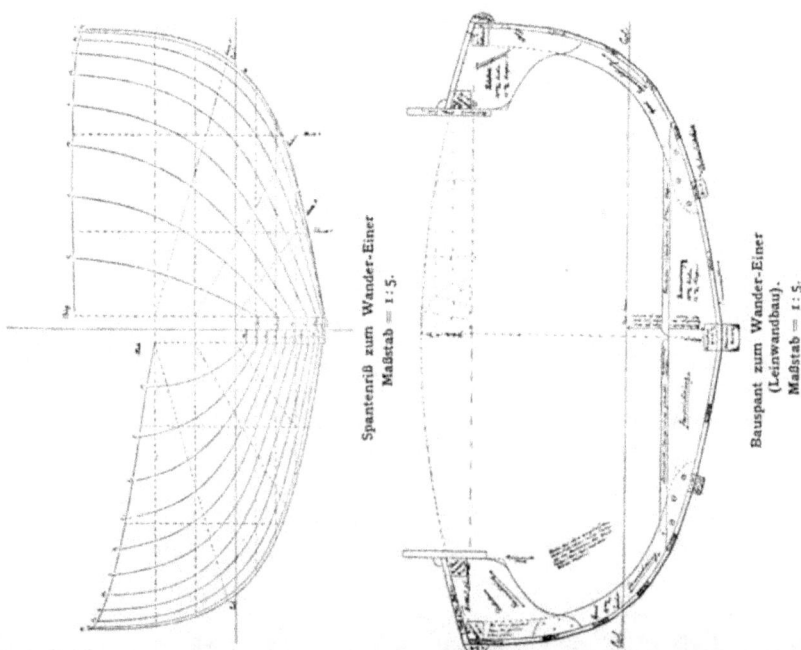

Spantenriß zum Wander-Einer
Maßstab = 1 : 5.

Bauspant zum Wander-Einer
(Leinwandbau).
Maßstab = 1 : 5.

www.ingramcontent.com/pod-product-compliance
Lightning Source LLC
Chambersburg PA
CBHW052133300426
44116CB00010B/1890